कबीर एवं तुलसी की सामाजिक दृष्टि का तुलनात्मक अध्ययन

कबीर एवं तुलसी की सामाजिक दृष्टि का तुलनात्मक अध्ययन

सरिता राय

वाणी प्रकाशन

वाणी प्रकाशन का 'लोगो'
विख्यात चित्रकार मक़बूल फ़िदा हुसेन की
कूची से

ISBN : 81-7055-279-6

वाणी प्रकाशन
21-ए, दरियागंज, नयी दिल्ली-110002
द्वारा प्रकाशित
फोन : 0091#11#23273167, 23275710
फैक्स : 0091#11#23275710
ई-मेल : vaniprakashan@gmail.com
vani_prakashan@yahoo.com
वेबसाइट : www.vaniprakashan.com
प्रथम संस्करण : 1993
द्वितीय संस्करण : 2009

मूल्य : 150.00
आवरण : वाणी प्रकाशन
जय भारत प्रिंटिंग प्रेस, शाहदरा, दिल्ली-32 द्वारा
मुद्रित

KABIR EVAM TULSI KI SAMAJIK
DRISHTI KA TULNATMAK DHYAYAN
by : Sarita Rai

भूमिका

'कबीर एवं तुलसी की सामाजिक दृष्टि का तुलनात्मक अध्ययन' मेरे निर्देशन में श्रीमती सरिता राय द्वारा लिखित और हिमाचल प्रदेश विश्वविद्यालय, शिमला की एम. फिल. (हिन्दी) उपाधि के लिए प्रस्तुत-स्वीकृत लघु शोध-प्रबन्ध है। इसमें लेखिका ने भक्तिकाल के दो महापुरुषों और महाकवियों की सामाजिक दृष्टि का अध्ययन निम्नलिखित पाँच मुख्य आधारों पर किया है–

1. भारतीय वर्णव्यवस्था,
2. जाति-पाँति, ऊँच-नीच एवं छूत-अछूत,
3. सामाजिक-धार्मिक पाखण्ड एवं अन्धविश्वास,
4. अवतारवाद तथा
5. पुनर्जन्म, कर्मफल एवं भाग्यवाद।

प्रबन्ध के प्रथम अध्याय में समाज और सामाजिक दृष्टि का सैद्धान्तिक अध्ययन करते हुए लेखिका ने समाज, व्यक्ति, समाज और सामाजिक दृष्टि, मध्यकालीन समाज की मूलभूत विशेषताओं तथा अपने युग के राजनीतिक, धार्मिक एवं सामाजिक परिवेश में कबीर एवं तुलसी की निजी स्थिति का विश्लेषण-विवेचन किया है। ऊपर गिनाए गए पाँच आधारों पर उक्त दोनों महापुरुषों के विचारों का तुलनात्मक अध्ययन प्रबन्ध के द्वितीय अध्याय का विषय है। प्रबन्ध के तृतीय अध्याय में कबीर और तुलसी के निजी युग-सन्दर्भ के साथ ही वर्तमान युग के सन्दर्भ में भी उनकी प्रासंगिकता-अप्रासंगिकता का विचार किया गया है।

लेखिका पूर्वी उत्तर प्रदेश के जिस भू-भाग और परिवेश में जन्मी, पली और बढ़ी, वहाँ कबीर और तुलसी सम्बन्धी जानकारी पाठ्यक्रमों में निर्धारित सीमाओं तक ही नहीं रहती। यहाँ इन कवियों का परिचय अक्षरारम्भ के पहले ही शुरू हो जाता है और जीवन की अन्तिम साँस तक चलता रहता है। वहाँ

के लोगों में से जो थोड़े-से पढ़-लिख पाते हैं वे भी और जो अनपढ़ रह जाते हैं वे भी, इन महापुरुषों और उनके काव्य को अच्छी तरह जानते, समझते और उनमें रस लेते हैं। जीवन के अनेक अवसरों पर उनके दोहों, पदों, छन्दों, चौपाइयों और कवित्तों को उदधृत करने अपने मत का समर्थन और मन्तव्य की पुष्टि करते हैं तथा उल्लास-अवसाद के क्षणों में उनसे सहारा पाते हैं। कबीर और तुलसी जिस प्रदेश-परिवेश में जन्मे, पले और बड़े हुए, जहाँ रह कर उन्होंने समाज और साहित्य की सेवा की, श्रीमती सरिता राय उसी प्रदेश और परिवेश की उपज हैं अतः कबीर और तुलसी की सामाजिक दृष्टि का तुलनात्मक अध्ययन प्रस्तुत करने में पुस्तकीय ज्ञान के साथ ही संस्कारगत सहज-सुलभ ज्ञान का भी सहारा उन्हें मिला है।

महात्मा कबीरदास जी का संक्षिप्त किन्तु तलस्पर्शी मूल्यांकन करते हुए नाभादास जी ने अपने 'भक्तमाल' में उनकी जिन विशेषताओं का उल्लेख किया है और जिनसे किसी को कोई असहमति नहीं है उनमें से एक विशेषता है कबीर की बातों की पक्षपातहीनता और उनमें निहित सभी का हित—'पच्छपात नहिं बचन, सबहिं के हित की भाखी' तथा 'मुखदेखी नाहिन भनी।' नाभादास जी का पूरा पद इस प्रकार है—

भक्ति बिमुख जो धरम ताहि अधरम करि गायो।
जोग जग्य ब्रत दान भजनबिनु तुच्छ दिखायो॥
हिन्दू तुरक प्रमान रमैनी सबदी साखी।
पच्छपात नहिं बचन सबहिं के हित की भाखी॥
आरूढ़ दसा है जगत पर, मुखदेखी नाहिन भनी।
कबीर कानि राखी नहीं वर्णाश्रम षटदर्सनी॥

इसी तरह की पक्षपातहीनता और सबके हित की बात करने का काव्यादर्श गोस्वामी तुलसीदास जी का भी था। उन्होंने बड़ी स्पष्ट शब्दावली में कहा है कि—

1. कीरति भनिति भूति भलि सोई। सुरसरि सम सबकर हित होई॥
2. सरल कबित कीरति बिमल, सुनि आदरहिं सुजान।
   सहज बैर बिसराय रिपु, जो सुनि करैं बखान॥
3. हृदय सिन्धु मति सीप समाना। स्वाति सारदा कहैं सुजाना॥
   जो बरषइ बर बारि बिचारू। होंहिं कबित मुकतामनि चारू॥

आदमी का मूल्यांकन उसकी जाति के आधार पर करने वाले काशी के

तत्कालीन कट्टर वर्णाश्रम समर्थकों को उत्तर देते हुए गोस्वामी जी ने जो कुछ कहा है वह उनकी निष्पक्षता को समझने का अच्छा आधार बन सकता है। उनका कहना है–

धूत कहौ अवधूत कहौ, रजपूत कहौ, जोलहा कहौ कोऊ।
काहू की बेटी सों बेटा न ब्याहब, काहू की जाति बिगार न सोऊ॥
तुलसी सरनाम गुलाम है राम को, जाको रुचै सो कहै कछु ओऊ।
माँगि के खैबो, मसीत को सोइबो, लैबे को एकु न दैबे को दोऊ॥

जिसे किसी से कुछ लेना-देना नहीं वह पक्षपात करेगा ही क्यों? साथ ही जिसका जीवनादर्श (कीरति) और काव्यादर्श (भनिति) गंगा की तरह सबके लिए कल्याणकारी होने में है वह पक्षपात कर ही नहीं सकता। गोस्वामी जी नहीं मानते कि 'पण्डित और प्रबीनन को जोइ चित्त हरै सो कबित्त कहावै।' बल्कि वे मानते हैं कि अच्छी कविता वही हो सकती है जो 'सुरसरि सम सबकर हित होई।' उनकी दृष्टि में कविता वह है जो सरल हो, जिसका विषय उदात्त हो, जिसका आदर संस्कार-सम्पन्न पढ़े-लिखे लोग तो करें ही, स्वभाव से ही जो शत्रु हैं वे भी उस कविता को सुन कर उनकी प्रशंसा करने को विवश हो जायें। इसके लिए कवि के हृदय को समुद्र की तरह विशाल होना चाहिए। सीपी की तरह उसकी बुद्धि को निर्मल और सारग्राही होना चाहिए। उसके ज्ञान (शारदा) को स्वाति नक्षत्र की तरह अनुकूल होना चाहिए। ऐसी दशा में श्रेष्ठ विचारों की वर्षा से श्रेष्ठ काव्य की सृष्टि होती है। पक्षपात से पैदा होने वाली छन्दबद्ध विचारावली कविता नहीं होती। यही कारण है कि जो सच्चा और बड़ा कवि है वह किसी विचारधारा में बँध कर नहीं चलता बल्कि चिन्तन, आचरण और विचार की सीमाओं को अतिक्रान्त करके वह बड़ा कवि बनता है। संस्कार और परिवेश चूँकि उसके व्यक्तित्व के संघटक तत्त्व होते हैं अतः उनकी झलक उसके चिन्तन, आचरण और काव्य में अप्रत्यक्ष रूप से रहती अवश्य है पर महाकवि उनसे बँध कर नहीं चलता बल्कि उलटे उन्हें तोड़ कर या उनको अतिक्रान्त करके अपनी महत्ता प्रतिपादित करता है। कबीर और तुलसी की निष्पक्षता को या परम्परा और परिवेश के उनके अतिक्रमण को रेखांकित करने की अपेक्षा श्रीमती सरिता राय ने उनके वर्गीय चरित्र तथा वर्गीय पक्षधरता को अधिक रेखांकित किया है। अपनी देख-रेख में लिखे जाने के बावजूद मैंने शोध छात्रा पर अपने मतों या विचारों को लादने का प्रयास नहीं किया है बल्कि उसे अपने विचारों को अभिव्यक्त करने की पूरी स्वतन्त्रता दी है।

संस्कार और परिवेश की दृष्टि से लेखिका का व्यक्तित्व परस्पर भिन्न विचारों और चिन्तनों से निर्मित-प्रभावित है। उसके पिता कांग्रेसी विचारधारा वाले उच्च शिक्षा प्राप्त प्राचार्य और हिन्दी के अच्छे कवि हैं। शादी के बाद सन् 1984 ई. से वह जिन ससुर जी की देख-रेख में शिक्षा ग्रहण कर रही हैं वे यूनिवर्सिटी में हिन्दी के प्रोफ़ेसर और प्रसिद्ध मार्क्सवादी समीक्षक हैं। मैं मध्यमार्गी हूँ। सरिता राय पर इन दक्षिण, वाम और मध्य स्थिति वाले गुरुजनों का समुचित प्रभाव पड़ा है। मैंने सचेत प्रयास किया है कि वह किसी अनुशासन को जिस सीमा तक स्वीकार सके उसका उस सीमा तक खण्डन-मण्डन करने की छूट उसे दी जाये। इसलिए सरिता ने जहाँ कबीर को नीची जातियों और सर्वहारा का तथा गोस्वामी तुलसीदास जी को अभिजात लोगों और सामन्ती मूल्यों का पक्षधर सिद्ध करने का प्रयास किया है उसे मैंने, भिन्न मत के बावजूद बाधित नहीं किया है।

सरिता राय में स्वतन्त्र चिन्तन की शक्ति, सुगढ़ लेखन का संस्कार और लीक से हट कर बात कहने का साहस है। मेरा विश्वास है कि यदि वह अध्ययन अनुसन्धान और लेखन में निरन्तर संलग्न और दत्तचित्त रहीं तो अच्छे, सामग्री-बहुल और दृष्टिसम्पन्न ग्रन्थों से साहित्य भण्डार को समृद्ध कर सकती हैं। जहाँ तक प्रस्तुत शोध-प्रबन्ध का सम्बन्ध है कबीर और तुलसी की सामाजिक दृष्टि के भेदाभेद को जनवादी सन्दर्भों में समझने-समझाने के लिए यह मूल्यवान सिद्ध होगा।

–राजदेव सिंह

प्रोफ़ेसर, हिन्दी-विभाग
डीन, भाषा संकाय
हिमाचल प्रदेश विश्वविद्यालय
शिमला-171005

प्रस्तावना

रामचरितमानस के माध्यम से मैं अपने विद्यार्थी जीवन से ही तुलसीदास से परिचित रही हूँ। 'मानस' की रामकथा के प्रति मेरा आकर्षण भी आरम्भ से ही रहा है। स्नातकोत्तर अध्ययन के दौरान ही मेरा वास्तविक परिचय कबीर-साहित्य के साथ हुआ। कबीर को ले कर इतिहासकारों और समीक्षकों के बीच उत्पन्न मतभेदों को भी मैंने ध्यान से समझने का प्रयास किया। कबीर की अनगढ़ता में मुझे एक विशेष प्रकार का आकर्षण दिखायी दिया। इससे कबीर और तुलसी के तुलनात्मक अध्ययन की ओर मेरा झुकाव भी हुआ। लेकिन बार-बार मुझे लगता रहा कि कहाँ तुलसीदास जैसा काव्य-कला का मर्मज्ञ और विद्वान कवि तथा कहाँ 'मसि कागज तक न छूने वाला' कबीर। एम. ए. करने के बाद जब एम. फिल. के लिए लघु शोध-प्रबन्ध तैयार करने की बात आयी तो मैंने कबीर और तुलसी पर कार्य करने की जिज्ञासा अपने निर्देशक आदरणीय डॉ. राजदेव सिंह के सामने रखी। उन्होंने किसी एक पर काम न कर दोनों की सामाजिक दृष्टि की तुलना के लिए मुझे प्रेरित किया। इसी का परिणाम है 'कबीर और तुलसी की सामाजिक दृष्टि का तुलनात्मक अध्ययन।'

कबीर और तुलसी को ले कर अलग-अलग बहुत से शोध प्रबन्ध लिखे जा चुके हैं। इन पर स्वतन्त्र रूप से भी विद्वान आलोचकों ने काफ़ी लिखा है। आचार्य रामचन्द्र शुक्ल का 'गोस्वामी तुलसीदास', आचार्य हज़ारी प्रसाद द्विवेदी के 'कबीर', 'मध्यकालीन धर्म साधना' जैसे मौलिक कार्य पर्याप्त महत्त्वपूर्ण हैं। इस दिशा में डॉ. उदयभानु सिंह ने 'तुलसी काव्य-मीमांसा' और डॉ. राजदेव सिंह ने 'सन्त साहित्य की भूमिका', 'सन्तों की सहज साधना' आदि पुस्तकों के द्वारा कबीर और तुलसी के महत्त्व पर अलग-अलग पहलुओं से विचार किया है। 'तुलसी :

आधुनिक वातायन से' पुस्तक द्वारा डॉ. रमेश कुन्तल मेघ ने और 'तुलसी का मानवतावाद' पुस्तक द्वारा डॉ. अरुण प्रकाश मिश्र ने तुलसी के अध्ययन की नयी दिशाओं का उद्घाटन किया है। कबीरदास के महत्त्व को पूरी तरह उद्घाटित करने वाली पुस्तक आचार्य हज़ारी प्रसाद द्विवेदी की 'कबीर' ही सामने आयी है। इसमें कबीर से सम्बद्ध आलोचना को एक नयी दिशा मिली है। डॉ. राजदेव सिंह ने स्वयं कबीर और उनके निर्गुण पन्थ पर काफ़ी कुछ लिखा है। इन तमाम रचनाओं में कबीर और तुलसी की तुलना के संकेत भी यत्र-तत्र मिल जाते हैं। विभिन्न इतिहास ग्रन्थों में भी दोनों की तुलना की पर्याप्त सामग्री है। लेकिन अब तक कबीर और तुलसी की सामाजिक दृष्टि की तुलना का कोई व्यवस्थित प्रयास मुझे देखने को नहीं मिला। इस दृष्टि से प्रस्तुत लघु शोध-प्रबन्ध एक नया प्रयास माना जा सकता है।

'कबीर और तुलसी की सामाजिक दृष्टि का तुलनात्मक अध्ययन' विषय पर मैंने दोनों कवियों की सामाजिक दृष्टि की तटस्थ तुलना मात्र नहीं की है। प्रस्तुत अध्ययन में मैंने कबीर और तुलसी को उनके युग के विभिन्न धार्मिक-सामाजिक सन्दर्भों में रख कर उनकी सार्थकता पर भी विचार किया है। इसके साथ ही मैंने दोनों कवियों की प्रासंगिकता-अप्रासंगिकता का भी परीक्षण किया है। इस दृष्टि से प्रस्तुत शोध-कार्य को एक मौलिक प्रयास माना जा सकता है।

अध्ययन की सुविधा के लिए इस लघु शोध-प्रबन्ध को तीन अध्यायों में विभाजित किया गया है। **पहले अध्याय** के अन्तर्गत समाज की शब्दार्थ-मीसांसा करते हुए 'व्यक्ति तथा समाज और सामाजिक दृष्टि' के आशय को स्पष्ट करने का प्रयास किया गया है। इसके साथ ही मध्यकालीन भारतीय समाज की मूलभूत विशेषताओं की ओर संकेत करते हुए उसमें कबीर और तुलसी की निजी स्थिति पर भी प्रकाश डाला गया है।

प्रस्तुत प्रबन्ध के **दूसरे अध्याय** में पहले कबीर और तुलसी की सामाजिक दृष्टि की तुलना के मुख्य आधारों की तलाश की गयी है। इसके लिए मैंने मुख्यतः पाँच आधारों को चुना है, जिस पर कबीर और तुलसी की सामाजिक दृष्टि के साम्य और वैषम्य को दिखाने का प्रयास किया गया है। ये आधार हैं–1. भारतीय वर्ण-व्यवस्था, 2. जाति-पाँत, ऊँच-नीच एवं छुआछूत, 3. सामाजिक, धार्मिक पाखण्ड एवं अन्धविश्वास, 4. अवतारवाद और, 5. पुनर्जन्म, कर्म-फल एवं भाग्यवाद। इन पाँच शीर्षकों के अन्तर्गत मैंने कबीर और तुलसी की सामाजिक दृष्टि से सम्बद्ध

सम्पूर्ण तथ्यों को तुलनात्मक ढंग से विवेचित-विश्लेषित करने का प्रयास किया है। इस प्रयास में मैंने दोनों की दृष्टियों की संगति-असंगति, औचित्य-अनौचित्य को भी यथाशक्ति रेखांकित किया है। इसके साथ ही इस अध्याय में यह भी दिखाने का प्रयास किया गया है कि कबीर और तुलसी ने मध्यकालीन भारत के दो विरोधी वर्गों के प्रतिनिधि के रूप में अपनी वर्गीय भूमिकाओं का निर्वाह किस प्रकार किया है।

प्रस्तुत प्रबन्ध का **तीसरा अध्याय** 'कबीर तथा तुलसी की सामाजिक दृष्टि की प्रासंगिकता' है। प्रासंगिकता के प्रश्न को मैंने दो भागों में बाँटा है–1. कबीर और तुलसी के युग-सन्दर्भ में और 2. वर्तमान युग के सन्दर्भ में। इस अध्याय के पहले शीर्षक के अन्तर्गत यह दिखाने का प्रयास किया गया है कि किस कवि ने इतिहास की किन दो विरोधी सामाजिक-सांस्कृतिक शक्तियों का साथ दिया है। इस अध्याय के दूसरे शीर्षक के अन्तर्गत आज के युग-सन्दर्भ में दोनों कवियों की प्रासंगिकता-अप्रासंगिकता पर विचार किया गया है। इसमें वर्तमान युग की प्रमुख समस्याओं-साम्प्रदायिकता, ऊँच-नीच के जातीय विवाद आदि के प्रकाश में दोनों कवियों की सार्थकता-निरर्थकता को भी रेखांकित किया गया है। इस अध्याय के माध्यम से मैंने कबीर और तुलसी की सामाजिक दृष्टि का वर्तमान सन्दर्भ में मूल्यांकन करने का प्रयास किया है, जिसे प्रस्तुत अध्ययन की महत्त्वपूर्ण उपलब्धि माना जा सकता है। कबीर और तुलसी की प्रासंगिकता के साथ ही उनके सांस्कृतिक प्रदेय को भी रेखांकित करना आवश्यक है। इसके लिए तीसरे अध्याय के अन्तर्गत दोनों कवियों के 'सामाजिक-सांस्कृतिक प्रदेय' पर भी विचार किया गया है। इस दृष्टि से तुलसीदास एक महान संस्कृति-कर्मी के रूप में हमारे सामने उपस्थित होते हैं। यहाँ आ कर कबीर की छवि कुछ धूमिल हो जाती है। इस तथ्य पर भी समुचित प्रकाश डाला गया है। प्रबन्ध के अन्त में उपसंहार और ग्रन्थ-सूची का समावेश किया गया है।

प्रस्तुत लघु शोध-प्रबन्ध के निर्देशक और कबीर तथा निर्गुण सन्त साहित्य के विद्वान विचारक डॉ. राजदेव सिंह के प्रति मैं हृदय से आभारी हूँ। सामग्री चयन से ले कर कार्य-दिशा के निर्देश तक उनका योगदान महत्त्वपूर्ण है। प्रकाशन के समय इस पुस्तक की भूमिका लिख कर आदरणीय डॉ. सिंह ने अपने अतिशय स्नेह का परिचय दिया है। प्रबन्ध-लेखन में आने वाली प्रत्येक समस्या के समाधान और यथासमय काम को पूरा करने में जो सफलता प्राप्त हुई है, उसके लिए अपने

पापा डॉ. लल्लन राय के प्रति किसी भी प्रकार का कृतज्ञता-ज्ञापन मुझे उनके सहज स्नेह का निरादर प्रतीत होता है। प्रबन्ध के प्रस्तुतीकरण में मुझे जिन विद्वानों की रचनाओं से सहायता मिली है, उनके प्रति मैं हृदय से आभारी हूँ। अन्त में मैं अपनी स्नेहिल भाभी पंकज और अन्तरंग सहेली करुणा के प्रति भी आभार प्रकट करती हूँ, जिनका स्नेह और प्यार मेरे लिए सदैव उत्साह देता रहा है।

–सरिता राय

अनुक्रम

अध्याय-1

समाज और सामाजिक दृष्टि : एक सैद्धान्तिक अध्ययन

1. समाज : शब्दार्थ मीसांसा

साधारण बोल-चाल में 'समाज' शब्द व्यक्तियों के सामाजिक सम्बन्धों की अपेक्षा किसी विशिष्ट अन्तःसमूह के सदस्यों तथा व्यक्तियों के लिए प्रयुक्त होता है। इसी दृष्टि से हम ब्राह्मण समाज, हरिजन समाज आदि शब्दों के साथ ही आर्य समाज, ब्रह्म समाज आदि जैसे शब्दों का भी प्रयोग करते हैं। इस प्रकार प्रयुक्त 'समाज' शब्द 'अमूर्त' की अपेक्षा 'मूर्त', 'मानकों' की अपेक्षा 'विशिष्टों' का बोध कराता है। लेकिन समाजशास्त्रीय दृष्टि से समाज का अर्थ व्यक्तियों के समूह मात्र तक सीमित नहीं है। श्री विद्याभूषण और डी. आर. सचदेव ने समाज को व्यक्तियों का समूह मात्र न मानते हुए कहा है कि "समाज अमूर्त है, यह वस्तु की अपेक्षा प्रक्रिया, संरचना की अपेक्षा गति है। समाज का महत्त्वपूर्ण तत्त्व सम्बन्धों की व्यवस्था, अंतःक्रियाओं के मानकों का प्रतिमान है, जिनके द्वारा समाज के सदस्य अपना निर्वाह करते हैं।"[1]

समाज की उपर्युक्त परिभाषा के साथ ही मैकाइवर, गिर्डिंग्स, गिन्सवर्ग, पारसन्स, लीकॉक आदि पाश्चात्य समाजशास्त्रियों की परिभाषाओं पर भी ध्यान दें तो इनमें एक अपूर्णता अवश्य दिखायी देगी। इन सभी विद्वानों ने समाज की एक गूढ़ अन्तःक्रिया और जटिल सम्बन्धता को स्वीकार करते हुए भी उसे एक अखण्ड सत्ता और सपाट व्यवस्था के रूप में ही माना है। व्यक्तिगत सम्पत्ति के उदय और उत्पादन के साधनों पर निजी अधिकार की स्थापना के बाद से समाज

में जो अन्तर्विरोधों का उदय हुआ, उसने एक समाज के भीतर दो विरोधी वर्गों, दो विरोधी वर्ग-शक्तियों को जन्म दिया। इन्हें हम शोषक और शोषित वर्ग कह सकते हैं। इनके पारस्परिक द्वन्द्व के माध्यम से सामाजिक विकास की क्रिया सम्पन्न होती है। कबीर और तुलसी युगीन मध्यकालीन भारत में भी सामाजिक विकास की इस द्वन्द्वात्मक प्रक्रिया को आसानी से देखा जा सकता है।

उपर्युक्त वास्तविकता के प्रकाश में यदि देखा जाये तो एक विषमता युक्त वर्गीय समाज में दो परस्पर विरोधी मान्यताओं का अस्तित्व भी दिखायी देगा। यह सही है कि सामाजिक स्वीकृति केवल उन्हीं मान्यताओं को प्राप्त होती है, जो सम्पन्न और उच्च वर्ग के हितों की रक्षा करती है। इसे भी हम कबीर और तुलसी के सन्दर्भ में आसानी से देख सकते हैं। इसे स्पष्ट रूप से समझने के लिए हमें व्यक्ति और समाज के सम्बन्धों पर गहराई से विचार करने की आवश्यकता है।

2. व्यक्ति, समाज और सामाजिक दृष्टि

व्यक्ति स्वभाव से ही सामाजिक प्राणी है। समाज व्यक्तियों का समूह मात्र नहीं, वरन अनेक व्यक्ति-समूहों का एक बृहद् समुदाय है। यह बृहद् मानव-समुदाय सक्रिय और परिवर्तनशील होता है, जिसमें व्यक्ति की महत्त्वपूर्ण भूमिका होती है। व्यक्ति, परिवार, समूह, समुदाय, वर्ग, सम्प्रदाय और राज्य बृहत्तर समाज की विभिन्न इकाइयाँ हैं। इनमें व्यक्ति समाज की लघुतम इकाई है। अपने सन्तुलित विकास के लिए व्यक्ति समाज पर ही निर्भर करता है। उसकी चेतना, उसका दृष्टिकोण या एक शब्द में कहें तो उसका सम्पूर्ण व्यक्तित्व सामाजिक गुणों से सम्पन्न होता है। समाज के बाहर निर्जन में उसके व्यक्तित्व का विकास असम्भव है। व्यक्ति अपनी आवश्यकताओं से बाध्य हो कर समाज में रहता है। बच्चे के रूप में वह माँ-बाप और परिवार की देख-रेख में पलता है। उनके साथ रह कर ही नागरिकता का पाठ पढ़ता है। इसलिए परिवार को ही मनुष्य की पहली पाठशाला माना जाता है।

मनुष्य के रूप में व्यक्ति का सम्पूर्ण विकास समाज की देन है। व्यक्ति की चेतना, उसका मस्तिष्क, उसकी बौद्धिक और शारीरिक उपलब्धियाँ भी समाज की ही देन हैं। समाज से परे रहकर इसकी कल्पना भी नहीं की जा सकती। इसलिए चेतना, दृष्टिकोण या विश्व-दृष्टि का स्वरूप भी सामाजिक होता है। लेकिन एक वर्ग-विभक्त समाज में, विरोधी हितों वाले समाज में चेतना और दृष्टिकोण

का स्वरूप भी वर्गीय हो जाता है। इसलिए मानवी सामाजिक सम्बन्ध भी वर्ग-विभक्त समाज में वर्गीय सम्बन्ध बन जाते हैं। फलस्वरूप समाज में एक साथ ही दो भिन्न मान-मूल्य, दो विरोधी सौन्दर्यमान, दो विरोधी मूल्य-दृष्टियाँ भी दिखायी देती हैं। धर्म, दर्शन, कला, साहित्य, राजनीति, नैतिकता आदि सभी क्षेत्रों में इस तथ्य को रेखांकित किया जा सकता है। कबीर और तुलसी के सम्बन्ध में भी हम इस तथ्य को आसानी से देख सकते हैं। इनके युग का सम्पूर्ण सामाजिक अन्तर्विरोध इन दोनों कवियों में अपनी सम्पूर्णता के साथ मूर्तिमान हुआ है। इस सम्बन्ध में डॉ. लल्लन राय की मान्यता यहाँ उल्लेखनीय है—"एक वर्ग विशेष के भीतर उसकी जीवन प्रणाली की आवश्यकताओं के अनुरूप व्यक्ति अपने जीवन-मूल्य निर्मित करता है। उसकी मनोवैज्ञानिक स्थिति और सौन्दर्य सम्बन्धी धारणाएँ उसके अपने विशिष्ट जीवन से अनुप्राणित होती हैं। कला और साहित्य में व्यक्त मनोवैज्ञानिक स्थिति और सामाजिक दृष्टि कलाकार की मूल्य-व्यवस्था और जीवन-व्यवस्था से प्रभावित होने के कारण बहुत कुछ वर्गीय विशेषताओं से संयुक्त होती है।"[2]

उपर्युक्त तथ्यों को ध्यान में रखकर ही हम व्यक्ति और समाज के पारस्परिक सम्बन्ध पर सही ढंग से विचार कर सकते हैं। ऐसी स्थिति में ही हम समझ सकेंगे कि कबीर और तुलसी एक व्यक्ति के रूप में अपने समाज के किस वर्ग से जुड़े हुए थे। उनकी सामाजिक दृष्टि, मूल्य-व्यवस्था और नैतिक मानदण्ड अपनी वर्ग-चेतना से अनुप्राणित थे। यद्यपि दोनों ही समाज का उद्धार चाहते थे, तथापि दोनों के उद्धार-उपाय एक दूसरे से भिन्न ही नहीं, वरन परस्पर विरोधी थी थे। इसे अच्छी तरह से समझने के लिए हमें तत्कालीन भारतीय समाज की मूलभूत विशेषताओं को समझना होगा।

3. मध्यकालीन भारतीय समाज की मूलभूत विशेषताएँ

पूरे भारतीय मध्यकाल के समाज, संस्कृति, धर्म, दर्शन, कानून, कला, साहित्य आदि का मूलाधार 'भूमि व्यवस्था' रही है। इस व्यवस्था में सम्राटों, सामन्तों और सूबेदारों ने राजनीतिक तथा आर्थिक शक्तियों को अपने हाथ में रखा है। अपनी सत्ता को चिरस्थायी बनाए रखने के लिए उन्होंने वर्णाश्रम जैसे अमोघ अस्त्र का सहारा लिया है। लेकिन कबीर और तुलसी युगीन मध्यकाल, जिसे मुसलिम मध्यकाल भी कहा जाता है, में कुछ नयी विशेषताएँ परिलक्षित होती हैं, जिसके सम्बन्ध में डॉ. रमेश कुन्तल मेघ ने लिखा है—"मुसलिम मध्यकाल की कुछ नयी

विशेषताएँ भी मिलती हैं : जैसे लोक भाषाओं का विकास, व्यापारियों और कारीगरों के वर्गों का अभ्युदय, दक्षिण से उभर कर उत्तर में फैलते हुए भक्ति-आन्दोलन का जन-जीवन में प्रवेश, मुसलमानों और इस्लाम की सशक्त सांस्कृतिक चुनौती आदि।"[3] इन नयी विशेषताओं ने मध्यकालीन सामाजिक ढाँचे पर गहरा असर डाला।

मुसलिम मध्यकालीन समाज की भी पहले की तरह ही लघुतम इकाई परिवार, विशेष रूप से संयुक्त परिवार और बृहत्तम इकाई ग्राम ही रही है। उस समय राष्ट्र और राज्य का भाव एक आन्दोलक कार्य नहीं बनता था। अधिक-से-अधिक जाति, वर्ण, गोत्र, और वंश का भाव ही लोगों में जाग सकता था। अतः सामन्तीय व्यवस्था के संचालन की दृष्टि से आर्थिक, सामाजिक, राजनीतिक इकाई एक गाँव थी, जो प्रशासन की भी इकाई थी। इसकी मुख्य विशेषताओं पर प्रकाश डालते हुए डॉ. रमेश कुन्तल मेघ ने लिखा है—"इसमें तीन विशेषताएँ थीं : पंचायत, वर्ण-व्यवस्था और परिवार। पंचायत सामन्तों के माध्यम से सम्राट के शासन को लागू करती थी और भूमि-व्यवस्था तथा करों का नियमन करती थी। परिवार रोटी-बेटी वाले सारे सम्बन्धों की धुरी थी। पंचायतें सेवक-सेव्य भाव पर, वर्णाश्रम-व्यवस्था, लोक-मर्यादा तथा वेद-मर्यादा पर और परिवार नाना प्रकार के मधुर, सख्य, वात्सल्य आदि भावों पर आश्रित थे।"[4]

कबीर आदि निर्गुण सन्तों से पूर्व इस परम्परागत ग्राम-व्यवस्था पर नाथों-सिद्धों, कौल-कापालिकों ने जमकर चोटें कीं। उन्होंने वर्णाश्रम-व्यवस्था के साथ ही परिवार-व्यवस्था को भी अपने प्रहार का लक्ष्य बनाया। लेकिन सब मिलाकर उनकी भूमिका ध्वंसात्मक ही रही। वर्ण तथा परिवार पर आश्रित समाज-व्यवस्था के लिए वे कोई विकल्प नहीं दे सके। फिर भी इस दृष्टि से उनका एक महत्त्वपूर्ण योगदान अवश्य माना जा सकता है। उन्होंने वर्णाश्रम-व्यवस्था का खण्डन करके परम्परागत सामाजिक अनुशासन को एक गम्भीर चुनौती दी। आगे चलकर कबीर आदि निर्गुण सन्तों ने पारिवारिक जीवन की रागात्मकता और पवित्रता को स्वीकार करते हुए सामाजिक अनुशासन और ग्रामीण जीवन के मेरुदण्ड वर्णाश्रम-व्यवस्था पर करारी चोट की। सवर्णों की उच्चता के भाव को गम्भीर आघात पहुँचाते हुए उन्होंने काज़ी-मुल्लाओं के पंजे में जकड़े मुसलमानों के ढोंग का भी पर्दाफ़ाश किया। फलस्वरूप जातीय उत्पीड़न की पीड़ा से पीड़ित, अपमानित, शोषित तथा दलित हिन्दू-मुसलमान, किसानों, मजदूरों, कारीगरों के सामने सामाजिक समता पर आधारित एक नया मार्ग प्रस्तुत होने के साथ ही एक नयी सहज साधना और निर्मल जीवन-यापन की दिशा सुलभ हुई।

यह सब होते हुए भी समाज का सामन्तीय ढाँचा ज्यों-का-त्यों बना रहा। कारण थी भूमि-व्यवस्था, जिस पर हिन्दू-मुसलिम सामन्तों-सूबेदारों का अधिकार था। ऐसा होते हुए वर्णाश्रम व्यवस्था को समाप्त करना सम्भव नहीं था। अवतारवाद और पौराणिक कथाओं के समावेश के माध्यम से सगुणोपासक कृष्ण-भक्तों ने वर्ण-व्यवस्था के लिए एक वैचारिक आधार प्रस्तुत किया। इसका सहारा लेकर तुलसीदास ने वर्ण-व्यवस्था की सर्वोच्चता का शंखनाद किया। कृष्ण-भक्तों की तरह वे समाज की लघुतम इकाई परिवार तक सीमित नहीं रहे। वे परिवार की इकाई से ग्राम इकाई की ओर वर्ण-व्यवस्था को साथ ले कर आगे बढ़े। इसके लिए राम-परिवार उनका आदर्श बना, जो ग्राम से नगर तक फैल गया। डॉ. रमेश कुन्तल मेघ ने रामवृत्त के कवियों के सम्बन्ध में लिखा है, "इन कवियों ने परिवार के संगठन के लिए व्यक्तिगत सम्बन्धों के आदर्श दिए विशेष रूप से पिता-पुत्र और पति-पत्नी के आदर्श। यह इनकी शुरुआत थी। ग्रामीण इकाइयों के संगठन के लिए इन्होंने इस आदर्श-सम्मिलित परिवार वाली इकाइयों को ही आदर्श वर्ण-व्यवस्था को रचने के लिए आमन्त्रित किया। इस तरह एक आदर्श ग्राम-व्यवस्था और एक आदर्श परिवार-गठन के द्वारा इन्होंने तत्कालीन समाज को एक ऐसी 'यूटोपिया' दी जहाँ लोक-मर्यादा एवं वेद-मर्यादा ही सर्वोपरि थी। ये कवि भी कोई विकल्प नहीं दे सके केवल ऐतिहासिक वास्तविकता को पौराणिक आदर्श में ही उदात्तीकृत किया।"[5] लेकिन यह मानना पड़ेगा कि तुलसीदास ने अपने इस कार्य द्वारा लोक-वेद की मर्यादा को वर्णाश्रम धर्म की भी मर्यादा बना दिया। एक सम्पूर्ण सामाजिक आदर्श के रूप में राम इस वर्णाश्रम मर्यादा के रक्षक बने।

उपर्युक्त तथ्यों से स्पष्ट है कि कबीर और तुलसी ने अपने युग के सामाजिक संघर्ष में अपनी वर्गीय मनोभूमि के अनुसार सक्रिय हिस्सा लिया है। इसका सही मूल्यांकन करने के लिए उनके युगीन परिवेश पर विचार करना आवश्यक है।

4. अपने युगीन परिवेश में कबीर एवं तुलसी की निजी स्थिति

(क) राजनीतिक परिवेश—निर्गुण सन्त काव्य-धारा के कबीरदास (1398-1518 ई.) यदि भक्तिकाल के आरम्भिक महत्त्वपूर्ण कवि हैं तो सगुण काव्य-धारा के गोस्वामी तुलसीदास (1532-1623 ई.) उसके लगभग अन्तिम महान कवि हैं। कबीर से ले कर तुलसी के जीवन काल तक के समय को मुसलिम मध्यकाल भी कहा जाता है। इस कालावधि में उत्तर भारत ही नहीं, वरन प्रायः समूचे देश में भक्ति ने एक आन्दोलन का रूप ग्रहण किया था। इस आन्दोलन के आरम्भिक तीस-चालीस

वर्षों तक दिल्ली के सिंहासन पर ख़िलजी और तुग़लक वंशों के शासक आसीन रहे। 1450 ई. से 1526 ई. तक दिल्ली की शासन-सत्ता लोदी वंश के हाथ में रही। सिकन्दर लोदी ने 1489 से 1517 ई. तक दिल्ली पर शासन किया, जो कबीर का समकालीन था। तुलसीदास का रचनाकाल मुग़लशासन का चर्मोत्कर्ष काल रहा है। उन्होंने सम्राट अकबर (1557-1605 ई.) से ले कर जहाँगीर (1605 से 1628 ई.) के शासन को अपनी खुली आँखों से देखा था। कबीरदास सिकन्दर लोदी की क्रूरता का कई बार शिकार बन चुके थे। जबकि तुलसीदास के साथ ऐसा कुछ नहीं हुआ था। इसके विपरीत वे अकबरी दरबार के प्रमुख सदस्य और सहृदय कवि अब्दुल रहीम ख़ानख़ाना के गहरे मित्र थे।

उपर्युक्त तथ्यों से यह स्पष्ट है कि कबीर (1398-1518 ई.) और तुलसी (1532-1623 ई.) के जीवनकाल तक की शासन-सत्ता मुसलमानों के हाथ में रही। अन्तर केवल इतना है कि कबीर के जीवन काल में शासन-सत्ता का रुख अधिक आक्रामक और उसकी स्थिति प्रायः अस्थिर रही, जबकि तुलसीदास के जीवन-काल में शासन-सत्ता अपेक्षाकृत अधिक उदार और स्थिर रही। इस प्रकार के राजनीतिक परिवेश में रहते हुए कबीरदास को इस्लामी शासन-सत्ता के साथ तत्कालीन रूढ़िवादी और पुराणपन्थी कट्टर सामाजिक-धार्मिक लोगों का विरोध झेलना पड़ा था। इन विरोधियों में हिन्दू और मुसलमान दोनों ही थे। जबकि तुलसीदास को धर्म के क्षेत्र में प्रायः शैव और शाक्तों की अनुदारता का कोपभाजन बनना पड़ा था।

(ख) **धार्मिक परिवेश**—कबीर एवं तुलसी के पूर्व भारत की धार्मिक स्थिति बड़ी विचित्र रही। दसवीं शती के आसपास जैन मुनियों, सिद्धों और नाथों का यहाँ पर्याप्त प्रभाव था। बौद्ध शाखा के बज्रयानी सिद्धों और नाथों का भी पर्याप्त प्रभाव था। बौद्ध शाखा के बज्रयानी सिद्धों और शैव नाथपन्थियों का जनता के बीच अपेक्षाकृत अधिक प्रवेश था। ये दोनों पन्थ ब्राह्मणवाद और वैष्णव धर्म के विरोधी थे। दोनों मत उस युग की सामाजिक-ऐतिहासिक शक्ति के रूप में प्रादुर्भूत हुए थे। लेकिन अपने वामाचार तन्त्र-मन्त्र और अन्यान्य असामाजिक साधना-रूपों के कारण आम जनता के सामान्य जीवन के साथ इसका ताल-मेल नहीं बैठ सका। फिर भी तत्कालीन स्वीकृत धार्मिक मान्यताओं और स्थापित समाज-व्यवस्था को इन्होंने चुनौती अवश्य दी। आगे चलकर कबीर आदि निर्गुण पन्थियों के लिए यह कार्य सुगम बन गया।

कबीर के काव्य में पददलित सामान्यजन का आक्रोश अधिक प्रकट हुआ है। स्थापित लोक मर्यादा, धार्मिक मिथ्याचरण आदि पर भी इन्होंने जमकर प्रहार

किया। कबीर ने जिस प्रकार एक निराकर ईश्वर के लिए भारतीय वेदान्त का पल्ला पकड़ा, उसी प्रकार इस निराकार ईश्वर की भक्ति के लिए सूफ़ियों के प्रेमत्व का सहारा लिया और अपना निर्गुणमार्ग निकाला। कबीर के गुरु रामानन्द स्वयं राम-भक्ति के प्रवर्तक थे। पर कबीर ने राम के सगुण साकार रूप को न स्वीकार कर उसे निर्गुण निराकार ही माना। कबीर का ब्रह्म तो निर्गुण ही रहा परन्तु उन्होंने भक्ति की निष्ठा को स्वीकार किया और धर्म के नाम पर प्रचलित धार्मिक रूढ़ियों का ज़ोरदार खण्डन किया। मन्दिर, मस्जिद, मूर्तिपूजा, रोज़ा-नमाज़, तीर्थ-स्थान आदि तमाम रूढ़ियों का कबीर ने डटकर विरोध किया। निर्गुण निराकार की उपासना के साथ कबीर द्वारा निर्गुण भक्ति का आविर्भाव हुआ। सगुण वैष्णव भक्ति ने इसे आगे चलकर दबाया ज़रूर लेकिन तुलसीदास के समय तक यह आन्दोलन मुखर रहा। यही नहीं वामाचार युक्त कौल-कापालिक सम्प्रदाय, अघोरपन्थ आदि के रूप में नाथ-सिद्ध सम्प्रदाय की परम्परा बहुत बाद तक अपना अस्तित्व बनाए रही।

ईसा की पन्द्रहवीं शती के बाद का हिन्दी-साहित्य भक्तिकाल के नाम से जाना जाता है। यह काल निर्गुण और सगुण भक्ति के रूप में परस्पर दो विरोधी भावधाराओं में विभक्त था। निर्गुण भक्ति की दो शाखाएँ थीं, ज्ञानाश्रयी काव्य-शाखा और प्रेमाश्रयी काव्य-शाखा। इसमें से प्रथम के उन्नायक महात्मा कबीरदास और द्वितीय के जायसी हैं। वैसे सूफ़ी साधना का प्रचलन भारत में जायसी से काफ़ी पहले हो चुका था। निर्गुण सन्तों की साधना का स्पष्ट संकेत नामदेव और ज्ञानेश्वर ने कबीरदास से लगभग 50 वर्ष पूर्व ही दे दिया था। कबीर तथा उनके पूर्ववर्ती सन्तों पर, यहाँ तक कि जायसी आदि कुछ सूफ़ियों पर भी सिद्धों-नाथों की भावधारा का स्पष्ट प्रभाव देखा जा सकता है।

निर्गुण मतावलम्बी सम्प्रदायों में आगे चलकर अनेक पन्थ चल पड़े। ज्ञानाश्रयी शाखा के अन्तर्गत कबीरपन्थ के साथ दादूपन्थ, सेनपन्थ, नानकपन्थ, बावरीपन्थ, मलूकपन्थ, रैदासी सम्प्रदाय, निरंजनी सम्प्रदाय आदि अनेक प्रशाखाएँ थीं। प्रेमाश्रयी सूफी शाखा के अन्तर्गत चिश्ती, सुहरावर्दी, क़ादरी, नक़्शबन्दी आदि कई उपशाखाएँ थीं।

सगुण भक्तिधारा के अन्तर्गत कृष्णभक्ति और रामभक्ति के रूप में दो शाखाएँ थीं। इस भक्तिधारा के मूल स्रोत भी प्राचीन हैं, जो कि दक्षिण से अलवार भक्तों की वाणी में कभी अपना सबल रूप दिखा चुकी थी। परिस्थिति-वश यह

उत्तर भारत में ज़रा देर से प्रवाहित हुई लेकिन जब प्रवाहित हुई तो सारे उत्तर भारत को सहज ही अपनी लपेट में बहा ले गयी। इस अवतारवादी वैष्णव भक्तिधारा में अवरोध का प्रमुख कारण रहा है शंकराचार्य का पूर्ण अद्वैतवाद और मायावाद। यह दर्शन वैष्णव भक्ति के प्रभाव में केवल अवरोधक ही नहीं बना, वरन इसने नाथों-सिद्धों की साधना-पद्धतियों और निर्गुण निराकार की उपासना को भी प्रोत्साहन दिया।

निर्गुण और सगुण भक्ति के रूप में कबीर तथा तुलसी की धार्मिक मान्यताओं में पर्याप्त अन्तर है। कबीर ऊँच-नीच, जाति-पाँति के भेद-भाव तथा अन्धविश्वासों में लिप्त जनता के लिए निर्गुण निराकार की भक्ति के मार्ग को प्रशस्त करते हैं, तो दूसरी तरफ़ तुलसीदास सगुण साकार ब्रह्म राम की भक्ति का मार्ग प्रशस्त करते हैं। वस्तुतः निर्गुण और सगुण भक्ति के माध्यम से दोनों की भिन्न-भिन्न धार्मिक दृष्टि प्रकट हुई है।

कबीर के लिए निर्गुणभक्ति एक अनिवार्यता थी। क्योंकि सगुण साकार की उपासना के साथ मूर्तिपूजा, मन्दिर, तीर्थ, व्रत आदि कर्मकाण्ड जुड़े हुए थे। इस प्रकार की भक्ति निम्न जातियों विशेषकर अछूतों और शूद्रों के लिए वर्जित थी। वे न वेद-पुराण या शास्त्र पढ़ सकते थे और न ही मन्दिर-प्रवेश और मूर्तिपूजा के अधिकारी बन सकते थे। निर्गुण निराकार की भक्ति के लिए इन बाहरी चीज़ों की ज़रूरत नहीं थी। सूत कातते, रूई धुनते, करघा चलाते, जूता गाँठते, हल चलाते हुए भी निर्गुण-भक्ति सम्भव थी। इसलिए रामानन्द के सगुण साकार राम कबीर के यहाँ निर्गुण निराकार हो गए। धार्मिक-सामाजिक अधिकारों से वंचित आम जनता का इस प्रकार की भक्ति के प्रति आकृष्ट होना स्वाभाविक था।

कबीर के साथ अधिकांश निर्गुण सन्त कवि सद्गृहस्थ भी थे। रैदास, दादू, मलूकदास, सेना, पीपा, धन्ना आदि सभी निर्गुण सन्त पारिवारिक जीवन व्यतीत करते हुए अपने पेशे से जुड़े थे। इसके विपरीत तुलसीदास को पारिवारिक जीवन से संन्यास लेना पड़ा था। सूर, परमानन्द, नन्ददास आदि सभी पारिवारिक जीवन से विलग रहने वाले भक्त थे। इस प्रकार निर्गुण निराकार की उपासना के मूल में पूर्ण समता का भाव था, जिसे जातीय भेदभाव के बिना सभी लोग समान रूप से सम्पन्न कर सकते थे। जबकि सगुण साकार भक्ति के लिए पर्याप्त सामाजिक-धार्मिक प्रतिबन्ध थे। इस प्रकार की समानता का जहाँ कबीर आदि निर्गुण कवियों ने ज़ोरदार समर्थन किया, वहाँ तुलसीदास जैसे वर्णाश्रम धर्म के समर्थक ने इसका स्पष्ट विरोध किया है। उन्होंने स्पष्ट शब्दों में कहा है :

जे वरनाधम तेलि कुम्हारा।
स्वपच किरात कोल कलवारा॥
नारि मुई घर सम्पत्ति नासी।
मूड़ मुड़ाइ होहिं सन्यासी॥
ते विप्रन सन आपु पुजावहिं।
उभय लोक निज हाथ नसावहिं॥[6]

तुलसीदास की वर्णाश्रमवादी धार्मिक-सामाजिक दृष्टि निश्चित रूप से कबीर आदि निर्गुण पन्थियों से भिन्न थी। धर्म के क्षेत्र में कबीर ने पण्डित-पुरोहितवाद और काज़ी-मुल्ला-मौलवीवाद का ज़ोरदार खण्डन किया है। भक्तिकालीन भक्त नाभादास ने अपने 'भक्तमाल' नामक भक्तों के परिचय ग्रन्थ में कबीरदास का समुचित मूल्यांकन करते हुए लिखा है :

हिन्दू तुरक प्रमान रमैनी सबदी साखी।
पच्छपात नहिं बचन सबहिं के हित की भाखी॥
आरूढ़ दशा होइ जगत पर, मुँह देखी नाहिन भनी।
कबीर कानि राखी नहीं वर्णाश्रम षटदर्शनी॥[7]

वर्णाश्रम एवं शास्त्र-सम्मत मर्यादाओं की खुलेआम निन्दा करते हुए कबीर ने हिन्दू और मुसलमान दोनों के लिए भक्ति का एक समान मार्ग प्रस्तुत किया है। इसके माध्यम से उन्होंने दीन-हीन-असहाय समझी जाने वाली तमाम सारी अछूत जातियों के लिए भक्ति का द्वार खोल दिया। धार्मिक समता की यह घोषणा साधारण जनता की आध्यात्मिक मुक्ति से ले कर उसकी सामाजिक, आर्थिक और सांस्कृतिक मुक्ति से जुड़ गयी थी।

(ग) सामाजिक परिवेश—कबीर और तुलसीकालीन समाज की स्थिति लगभग एक-सी है। इस काल में धर्म समाज को जोड़ने की अपेक्षा उसे तोड़ने में अधिक सक्रिय था। भक्ति-कालीन समाज विभिन्न धर्म, जातियों तथा सम्प्रदायों में विभक्त था। भारतीय समाज में वर्णाश्रम व्यवस्था का प्राधान्य था। इस व्यवस्था में सम्पत्ति का स्वामी भूस्वामी वर्ग होता है, संस्कृति और शिक्षा का काम पण्डितों के हाथ में रहता है तथा सामन्तों के साथ उसके अधीन रहकर या सहयोगी बनकर व्यापारी वर्ग काम करता है। समाज के अन्य सदस्य खेती तथा कारीगरी आदि के साथ उच्च-वर्ग की सेवा करते हैं। यह तो रही कबीर तथा तुलसीकालीन समाज की सामन्ती व्यवस्था।

भक्तिकालीन साहित्य एक देशव्यापी सामाजिक आन्दोलन का प्रतिनिधित्व करता है। उत्तर, दक्षिण, पूर्व, पश्चिम देश के लगभग सभी भागों में इसका उदय एक साथ हुआ। धर्म और साधना के क्षेत्र में प्रचलित सभी पौराणिक-शास्त्रीय मान्यताओं के विरोध में इसकी स्थापना हुई। इसलिए इसमें हमें धर्म, भक्ति, समाज आदि के लिए एक नये मूल्य की तलाश दिखायी देती है। वस्तुतः यह काव्य-धारा संस्कृति विरोधी नहीं बल्कि संस्कृति के नाम पर प्रचलित रूढ़ियों, बाह्याडम्बरों और विकृतियों की विरोधी थी। इसने सबसे पहले वर्णाश्रम-व्यवस्था पर आधारित पौराणिक-सांस्कृतिक मान्यताओं का विरोध किया। इस तरह समाज तथा संस्कृति पर उच्चवंशीय लोगों के प्रभुत्व को इसने समाप्त करने का प्रयास किया।

भक्तिकालीन समाज में मुग़ल 'रंगमंच' सबसे महत्त्वपूर्ण है, जिसने तुलसी ही नहीं, परमानन्द, मीरा, रहीम, सूर और उनसे पहले कबीर, जायसी के प्रादुर्भाव के लिए 'सामाजिक समाज' प्रस्तुत किया। इस काल में विभिन्न जातियाँ बन गयी थीं, जिनमें छूत-अछूत तथा ऊँच-नीच का भाव भी बढ़ गया था। इसी कारण एक वर्ग का दूसरे वर्ग से संघर्ष चल रहा था। क्योंकि सभी जातियों के अपने-अपने अधिकार क्षेत्र थे, इसलिए उन लोगों के जीवन में एकांगीपन आ गया था। अर्थव्यवस्था के साथ ही राजनीति, धर्म, शिक्षा एवं संस्कृति पर उच्चवर्ग के लोगों का अधिकार था। कबीर आदि निर्गुण सन्तों ने इसका ज़ोरदार विरोध किया।

कबीर तथा तुलसीकालीन समाज में एक भयंकर समस्या हिन्दू तथा मुसलमान का जातिगत संघर्ष भी था। इनके दो अलग-अलग समुदाय थे और दोनों की अलग-अलग व्यवस्थाएँ थीं। दोनों समुदायों के भिन्न धार्मिक संस्कार थे और दोनों अपने-अपने धर्मों की रूढ़ियों से चिपके हुए थे। उच्च वर्गीय हिन्दू-समाज अपनी परम्पराओं में बह रहा था, तथा अभिजात मुसलमान समाज भी लकीर का फ़क़ीर बना हुआ था। और इन सब में पिसी जा रही थी साधारण जनता।

भक्तिकालीन समाज में हिन्दू तथा मुसलमान दोनों को एक धर्म से जोड़ना कठिन समस्या थी। फिर भी कबीर ने इन्हें जोड़ने का प्रयास किया। उन्होंने हिन्दू तथा मुसलमान दोनों को अपनी त्रुटियों के लिए फटकारा है और कहा :

हम तुम मांहे एकै लोहू।
एकै प्रान जीवन है मोहू।
एक बास रहै दस मासा।
सूतग पातग एकै आसा।

एकहि जननी जन्या संसारा॥
कौन ज्ञान थैं भये निनारा ॥[8]

फिर उन्होंने आगे कहा है :

देव पूजि-पूजि हिन्दू मूए
तुरक मुए हज जाई।
जटा बाँधि-बाँधि जोगी मूए
इनमें किनहूँ न पाई॥[9]

भारतीय भक्तिकालीन समाज पर इस्लामी आक्रमण की विचित्र प्रतिक्रिया हुई। जाति-पाँति के बन्धन को तोड़ने वाले धर्म-सम्प्रदाय के सम्पर्क में आने पर हिन्दू जाति-व्यवस्था और अधिक संकीर्ण तथा कठोर होती गयी। जातिगत उच्चता और निम्नता की खाई अधिक गहरी होती गयी। सिद्ध, नाथ, योगी, अपने समाज विरोधी आचरण के कारण हिन्दू समाज में बहिष्कृत हो चुके थे। कबीर आदि ने 'ना हिन्दू ना तुरक' का उपदेश अवश्य दिया था, लेकिन गृहस्थ के लिए इनमें से एक होना आवश्यक था। उच्च वंशीय हिन्दू विचारकों तथा सुधारकों के सामने यह एक घोर समस्या थी, जिसका निवारण सगुणोपासक तुलसीदास ने किया। निर्गुणोपासक कबीर तथा सगुण सम्प्रदाय के तुलसी के मध्य यह तथ्य आसानी से देखा जा सकता है कि प्रथम के आचार्य और अनुयायी अधिकांशतः शूद्र तथा उपेक्षित जाति के लोग थे तथा दूसरे के अधिकांशतः सवर्ण और ब्राह्मण जाति के। तुलसीदास पुरानी समाज-व्यवस्था के मूलाधार वर्णाश्रम-व्यवस्था के कट्टर समर्थक थे, जबकि कबीर ने उस व्यवस्था का पूरी तरह विरोध किया था।

उपर्युक्त तथ्यों से स्पष्ट है कि कबीर एवं तुलसी के समय की सामाजिक स्थिति लगभग एक जैसी ही थी। भारतीय समाज मुख्यतः दो वर्गों में विभक्त था। राजा-महाराजा और इनसे जुड़े हुए जागीरदार-ज़मींदार के साथ इनके दरबारियों-आश्रितों का एक कुलीन शोषक वर्ग था तो दूसरी तरफ़ किसानों, मजदूरों और पेशेवर कारीगरों-शिल्पियों का निम्न जातीय विशाल शोषित समुदाय था। कभी ग़रीबी के कारण तो कभी वर्ण और जाति के नाम पर निम्न वर्गीय समुदाय का निर्मम शोषण हो रहा था। तथाकथित शूद्र और उपेक्षित जाति के लोगों को तुलसी और कबीरयुगीन मध्यकालीन समाज में केवल आर्थिक-राजनीतिक ही नहीं, वरन तमाम सारे धार्मिक और सामाजिक अधिकारों से भी वंचित कर दिया गया था। इस वंचित और उत्पीड़ित वर्ग का प्रतिनिधित्व निर्गुणोपासक कबीर और इस

धारा के अन्य कवियों ने किया। ये अधिकांश कवि जुलाहा, धुनियाँ, कोरी, मोची, नाई, दर्ज़ी, आदि निम्न जातियों से आये हुए थे। सबसे पहले उन्होंने धार्मिक अधिकारों के लिए आवाज़ उठाई। क्योंकि इसके बिना सामाजिक, आर्थिक एवं राजनीतिक अधिकार सम्भव नहीं थे। आर्थिक-सामाजिक मुक्ति के लिए धार्मिक मुक्ति को इन्होंने अनिवार्य माना। यह अधिकार धर्म को मन्दिर-मस्जिद, मूर्ति-पूजा, रोज़ा-नमाज़, तीर्थ-व्रत, आदि बाह्याडम्बरों से मुक्त करके ही सम्भव हो सकता था।

सामाजिक मुक्ति के लिए बाह्याडम्बरों के साथ ही धार्मिक मध्यस्थों को भी धर्म के क्षेत्र से हटाना आवश्यक था। यह कार्य भी कबीर तथा उनके पन्थ के निर्गुण सन्तों ने किया। पण्डित-पुरोहित, काज़ी-मुल्ला आदि जैसे हिन्दू और इस्लाम धर्म के ठेकेदारों पर कबीर तथा उनके निर्गुण पन्थ ने गिन-गिनकर प्रहार किया। भारतीय समाज में पहली बार इन्होंने अपने लिए भक्ति का अधिकार प्राप्त किया। इनके बीच से आये हुए भक्त कवि एवं कलाकार पहली बार समाज की दृष्टि में पूज्य बने। कबीर एवं उनके निर्गुण पन्थ की यह महान उपलब्धि है। इन सभी कवियों का सबसे तीखा स्वर समाज की वर्णाश्रम-व्यवस्था के विरोध में प्रकट हुआ है।

कबीर के विपरीत तुलसीदास शास्त्र-पुराण-सम्मत वर्णाश्रम-व्यवस्था के पोषक थे। अपने युगानुकूल उन्होंने शास्त्रीय मत-मतान्तरों का संशोधन-परिमार्जन भी किया। लेकिन समाज के सारे दुःखों का कारण उन्होंने वर्णाश्रम-धर्म के लोप को माना है। काशी, अयोध्या और चित्रकूट में निवास करने वाले तुलसी का जन्म काशी में ही रहने वाले कबीर की मृत्यु के लगभग 14-15 वर्षों के बाद हुआ था। अतः कबीर के उपदेश और खण्डन-मण्डन की स्मृतियाँ तुलसीदास के सामने महत्त्वपूर्ण चुनौती बनी हुई थी। अपनी रचनाओं में तुलसीदास ने इसका स्पष्ट और तीखे स्वरों में प्रतिवाद किया है।

उपर्युक्त तथ्यों से स्पष्ट है कि कबीर एवं तुलसी की सामाजिक दृष्टि परस्पर भिन्न ही नहीं, वरन एक-दूसरे की विरोधी भी थी। जहाँ एक ने शोषित-उत्पीड़ित साधारण जानता के लिए अपनी आवाज़ उठाई है, वहाँ दूसरे ने परोक्ष रूप से उच्च एवं कुलीन समुदाय द्वारा स्वीकृत भावनाओं को अभिव्यक्ति दी है।

सन्दर्भ

1. विद्याभूषण और डी. आर. सचदेव : समाजशास्त्र के सिद्धान्त, पृ. 65
2. लल्लन राय : मुक्तिबोध का साहित्य-विवेक और उनकी कविता, पृ. 138

3. रमेश कुन्तल मेघ : तुलसी–आधुनिक वातायन से, पृ. 3-4
4. रमेश कुन्तल मेघ : तुलसी–आधुनिक वातायन से, पृ. 8-9
5. रमेश कुन्तल मेघ : तुलसी–आधुनिक वातायन से, पृ. 10
6. रामचरितमानस, उत्तर काण्ड, पृ. 582/100 क
7. हिन्दी साहित्य का इतिहास : सं. नगेन्द्र, पृ. 113
8. कबीर ग्रन्थावली : सं. माताप्रसाद गुप्त, पृ. 398/1
9. कबीर ग्रन्थावली : सं. माताप्रसाद गुप्त, पृ. 334/18

अध्याय-2

कबीर और तुलसी की सामाजिक दृष्टि की तुलना के मुख्य आधार

समाज एक बृहत्तर वृत्त है, जिसके अन्तर्गत व्यक्ति, परिवार, समुदाय, वर्ग, सम्प्रदाय, राज्य आदि विभिन्न इकाइयों के रूप में पूरा देश आ जाता है। धर्म, राजनीति, दर्शन, कानून-व्यवस्था, कला, साहित्य आदि एक विशिष्ट युग की सामाजिक चेतना को व्यक्त करने के विभिन्न माध्यम हैं। इन माध्यमों से जो चेतना व्यक्त होती है, उसी से अभिव्यक्तिकर्ता की सामाजिक दृष्टि का पता लगाया जा सकता है। कबीर और तुलसी की सामाजिक दृष्टि का अनुसन्धान करने के लिए हमें कुछ मुख्य आधारों के सम्बन्ध में उनकी प्रतिक्रियाओं पर विचार करना होगा। अध्ययन की सुविधा के लिए यहाँ कुछ आधारों का निर्धारण किया जा रहा है : 1. भारतीय वर्ण-व्यवस्था, 2. जाति-पाँति, छुआछूत, एवं ऊँच-नीच की भावना, 3. सामाजिक-धार्मिक पाखण्ड, 4. अवतारवाद, 5. पुनर्जन्म, कर्मफल एवं भाग्यवाद। इन पर अलग-अलग विचार करते हुए कबीर और तुलसी की सामाजिक दृष्टि के साम्य और वैषम्य को स्पष्ट करने का प्रयास किया जाएगा।

1. भारतीय वर्ण-व्यवस्था

भारतीय वर्ण-व्यवस्था मध्यकालीन सामन्ती समाज की एक प्रमुख संचालिका शक्ति रही है। अपने आरम्भिक दौर में यह कार्य-विभाजन पर आधारित थी, जिसके अन्तर्गत ब्राह्मण, क्षत्रिय, वैश्य और शूद्र—चार विभाग थे। ब्राह्मण (पूजा-पाठ और अध्ययन-अध्यापन करने वाला), क्षत्रिय (शासक एवं योद्धा), वैश्य (व्यापारी) तथा

शूद्र (कृषक, श्रमिक तथा सेवक)। यह वर्ण-व्यवस्था की आम धारणा है, जो काफ़ी बाद की है। वर्ण के उद्‌भव के सम्बन्ध में श्री धुर्ये ने लिखा है : "…ऋग्वेद में वर्ण शब्द का प्रयोग किसी वर्ग (ब्राह्मण, क्षत्रिय आदि) के लिए कभी नहीं हुआ। वहाँ केवल आर्य-वर्ण या आर्य-जन का दास-वर्ण से अन्तर स्पष्ट किया गया है।…शतपथ ब्राह्मण में चार वर्णों का स्पष्ट उल्लेख मिलता है।–ऋग्वेद में जो आर्य और दास के बीच अन्तर मिलता है, वही बाद में आर्य और शूद्र में माना जाने लगा।"[1] श्री एम. एन. श्रीनिवास ने इस सम्बन्ध में लिखा है कि ऋग्वेद में आर्य और दास के बीच अन्तर के साथ समाज को तीन क्रमों में विभाजित भी किया गया है। ये क्रम हैं–ब्राह्मण, क्षत्रिय तथा विश। "इनमें प्रथम दो मुख्यतः दो व्यवसायों का प्रतिनिधित्व करते हैं, एक कवि-पुजारी तथा दूसरा योद्धा-प्रमुख। तीसरा वर्ग स्पष्टतः सारी सामान्य जनता का समूह है। उसके एक प्रसिद्ध पुरुष सूक्त में, जो एक परवर्ती स्तोत्र है, से आदि पुरुष के बलिदान से समाज के चार क्रमों के उद्‌भव का सन्दर्भ मिलता है। उन चार क्रमों के नाम दिये गये हैं–ब्राह्मण, राजन्य (क्षत्रिय), वैश्य और शूद्र, जो जगत में स्रष्टा के मुख, भुजा, जंघा और पैरों से उत्पन्न माने गये हैं।"[2] वस्तुतः यह विभाजन काफ़ी परवर्ती है, जिसमें प्रतिष्ठा और बड़े-छोटे की भावना भी उसके साथ मिल गयी है। ब्राह्मण-ग्रन्थों, महाभारत और मनुस्मृति के रचनाकाल तक चार वर्णों की धारणा अपने सोपान-क्रम में दृढ़ और संकुचित होती गयी है। बौद्ध एवं जैन धर्मों का उदय इस व्यवस्था की प्रतिक्रिया के रूप में हुआ, जिसने वर्णाश्रम-व्यवस्था को एक सीमा तक शिथिल भी किया।

मध्यकालीन सामन्ती समाज को अनुशासित करने के लिए वर्णाश्रम-व्यवस्था इतना कारगर अस्त्र सिद्ध हुई थी कि अनेक अवरोधों के बावजूद यह समाप्त नहीं हुई। इस सम्बन्ध में डॉ. राजदेव सिंह ने लिखा है कि "सातवीं से तेरहवीं शताब्दी के बीच प्राप्त लेखों से पता चलता है कि बौद्धों आदि के कारण, वर्णाश्रम व्यवस्था में बहुत कमजोरियाँ आ गयी थीं और समाज को धीरे-धीरे अनेक आर्थिक-सामाजिक कारणों से वर्णाश्रम-व्यवस्था को पुनः स्वीकार करने पर विवश और उत्पीड़ित किया जा रहा है। यह दबाव धर्म का मुखौटा लगाए हुए था। गुप्तों के सामन्त-संक्षोभ को 'वर्णाश्रम स्थापना-निरत परम भागवत संक्षोभ' कहकर स्मरण किया गया है और श्रीहर्ष के पिता प्रभाकर वर्द्धन को 'वर्णाश्रम व्यवस्था-पन प्रवृत्त' कहा गया है। कामरूप के राजा भास्कर वर्मन के लेख में स्पष्ट रूप से स्वीकार किया गया है कि उन्होंने पूर्व काल में अव्यवस्थित वर्णाश्रम-व्यवस्था को पुनः सुव्यवस्थित किया था।"[3]

यहाँ इस तथ्य की ओर संकेत करना आवश्यक है कि मध्यकालीन भारतीय

समाज की सबसे दृढ़ इकाई गाँव थी। वर्ण-व्यवस्था के साथ ही सामन्ती व्यवस्था को भी संरक्षण यहीं से मिलता था। एक स्वतः पूर्ण इकाई के रूप में गाँव की पंचायत सामन्त के माध्यम से सम्राट के शासन को लागू करने के साथ ही भूमि की व्यवस्था और करों का नियमन करती थी। वही सेवक-सेव्य भाव पर आधारित वर्णाश्रम-व्यवस्था के अनुरूप लोक-मर्यादा तथा वेद-मर्यादा का पालन करवाती थी। यह ग्राम इकाई भूमि व्यवस्था पर आधारित मध्यकालीन सामन्ती समाज की इतनी दृढ़ इकाई थी कि इस्लामी आक्रमण की चुनौती को भी इसने आसानी से झेल लिया। इस सम्बन्ध में डॉ. रमेश कुन्तल मेघ ने लिखा है कि "दसवीं शती में मुसलमान अपनी नयी संस्कृति, नया धर्म, नयी जीवन-पद्धति ले कर आये और उन्होंने एक क्रान्ति उपस्थित कर दी। शुरू में तो उन्होंने सामन्तीय व्यवस्था का ढाँचा ही लड़खड़ा दिया, लेकिन कालान्तर में वे भी सूदख़ोर, शोषक-सामन्त और बड़े-बड़े जमींदार हो गये। उनकी चुनौती वर्णाश्रम व्यवस्था को थी।"[4] लेकिन शासक-शोषक सामन्त और जमींदार बनने के बाद मुसलमान भी काज़ी-मुल्लाओं की गिरफ्त में आ गये। प्रशासन की दृष्टि से सुदृढ़ ग्राम-इकाई पर उनका असर नगण्य रहा। आगे चलकर साधारण मुसलमान भी बुनकर, चुड़िहारा, धुनिया, मोची, दर्ज़ी आदि के रूप में ग्राम इकाई के अभिन्न अंग बन गये। एक भिन्न धर्म सम्प्रदाय से सम्बद्ध होने के कारण ग्रामीण वर्ण-व्यवस्था ने उन्हें अधिकांशतः शूद्रों की स्थिति में डाल दिया। फिर भी उनका नियमन काज़ी-मुल्लाओं के हाथ में रहा।

मुस्लिम आगन्तुकों और आक्रमणकारियों से पूर्व आने वाले यूनानियों, शकों, कुषाणों, सीथियनों, मंगोलों आदि को कालान्तर में भारतीय समाज-व्यवस्था ने अपने में समाहित कर लिया था। उनमें सम्पन्न और शासक वर्ग के लोग प्रायः क्षत्रिय समुदाय में और शेष विभिन्न स्तरों की गाँव विभिन्न जातियों में बँट गये। लेकिन इस्लाम मतावलम्बियों के सम्बन्ध में ऐसा सम्भव नहीं हुआ। यद्यपि ग्राम-समुदायों ने उन्हें अपनी व्यवस्था का अभिन्न हिस्सा अवश्य बनाया लेकिन साम्प्रदायिक दृष्टि से भिन्न अस्तित्व बना रहा।

कबीरदास के रचनाकाल तक भारतवर्ष पर मुसलमानों को शासन करते हुए दो शताब्दियों से अधिक गुज़र चुका था। पूरे मुस्लिम शासन को मुस्लिम मध्यकाल की संज्ञा देते हुए डॉ. रमेश कुन्तल मेघ ने इसकी कतिपय निजी विशेषताओं को रेखांकित करते हुए लिखा है : "हिन्दू सामन्त युग में न तो लोक-भाषाओं ने साहित्यिक अस्तित्व प्राप्त किया था और न ही व्यापार का इतना व्यापक अन्तर्राष्ट्रीयकरण हुआ था। उस युग में धर्म राजशक्ति से संलग्न था

और मुस्लिम युग की तरह वह जनजीवन के आन्दोलन के रूप में नहीं प्रवाहित हो रहा था। इसलिए मुस्लिम मध्यकाल शुरू में कई अर्थों में व्यापक प्रजातान्त्रिक चेतना तथा सांस्कृतिक अन्तरावलम्बन का प्रसार करता है।"[5] इस मध्यकाल के आरम्भिक छोर पर कबीर और लगभग मध्य में तुलसी आते हैं। लेकिन मुस्लिम मध्यकाल या हिन्दू मध्यकाल जैसा विभाग बहुत सार्थक नहीं है। भूमि व्यवस्था पर आधारित जिस ग्रामीण उत्पादन तन्त्र ने एक सामाजिक शक्ति के रूप में पूर्व युगों में जिस प्रकार परम्परागत भारतीय सामन्तवाद की रक्षा की और उसके मूल सामाजिक ढाँचे को बनाए रखा, ठीक वही कार्य उसने मुस्लिम शासन काल में भी सम्पन्न किया।

कबीरदास ने अपने समय में ग्राम्य-जीवन की सबसे बड़ी विकृति के रूप में वर्ण-व्यवस्था को देखा। सबसे तीखा प्रहार उन्होंने इस व्यवस्था पर ही किया। शास्त्र-पुराण और अन्यान्य धार्मिक कर्मकाण्डों के माध्यम से ब्राह्मण समुदाय के पण्डे-पुरोहित ही इस वर्ण-व्यवस्था के रक्षक बने हुए थे। वर्णाश्रम धर्म की इस मान्यता के कारण अनेक सामाजिक कुरीतियों, धार्मिक पाखण्डों, अन्धविश्वासों छुआछूत, ऊँच-नीच, आदि जैसी अगतिशील भावनाओं को ठोस आधार प्राप्त हो रहा था। समाज का एक विशाल जन-समुदाय वर्ण एवं जाति के आधार पर केवल धार्मिक दृष्टि से ही नहीं वरन् सामाजिक, राजनीतिक, आर्थिक एवं सांस्कृतिक विकास की दृष्टि से भी सभी अधिकारों से वंचित कर दिया गया था। इस विशाल जन समाज का पक्ष ले कर कबीर ने हिन्दू वर्ण-व्यवस्था के हिमायतियों को ललकारा :

"तू बामन बामनि का जाया, आन बाट है क्यों नहीं आया।"[6]

इस तरह कबीर ने शास्त्र-पुराण मतवादी ब्राह्मणवाद को गम्भीर चुनौती दी। इस ब्राह्मणवाद का आधार शास्त्र और शास्त्रीय कर्मकाण्ड था, जिस पर कबीर ने गिन-गिनकर चोटें कीं। वेद, स्मृति, पुराण आदि की शास्त्रीय मान्यताओं के नाम पर जिस वर्णवादी मर्यादा को लोक जीवन पर थोपा गया था, कबीर ने उसे अस्वीकार करते हुए अत्यन्त तर्क संगत ढंग से उसका पर्दाफाश किया। शास्त्र मतवादी तत्कालीन सम्भ्रान्त समाज के सामने उन्होंने यह गम्भीर चुनौती रखी :

"मैं कहता आंखिन की देखी, तू कहता, कागज की लेखी।"

कबीर के प्राचीनतम मूल्यांकनकर्ता और गोस्वामी तुलसीदास के लगभग समकालीन भक्त नाभादास नें अपने 'भक्तमाल' (1585) नामक भक्त कवियों के परिचय ग्रन्थ में लिखा है :

भक्ति विमुख जो धरम ताहि अधरम करि गायो।
जोग जग्य व्रतदान भजन बिनु तुच्छ दिखायो।
हिन्दू तुरक प्रमान रमैनी सबदी साखी।
पच्छपात नहि बचन सबहिं के हित की भाखी।
आरूढ़ दसा होइ जगत पर मुख देखी नाहिन भनी।
कबीर कानि राखी नहीं वर्णाश्रम षट्दर्शनी॥[7]

यह कबीरदास के वास्तविक महत्त्व का समग्र मूल्यांकन है। वर्णाश्रम एवं शास्त्र-सम्मत तमाम सारी मर्यादाओं की खुलेआम निन्दा करते हुए कबीर ने हिन्दू-मुसलमान दोनों के लिए भक्ति का एक नया मार्ग प्रस्तुत किया। यह मार्ग था निर्गुण-निराकार की उपासना का। इसके माध्यम से उन्होंने दीन-हीन असहाय समझी जाने वाली अछूत जातियों के लिए भक्ति का द्वार खोल दिया। कबीर के निर्गुण मत में निम्न जातीय धार्मिक जनवाद की घोषणा अपने समय के लिए एक क्रान्तिकारी सन्देश थी, जो व्यक्ति की आध्यात्मिक मुक्ति से ले कर, उसकी सामाजिक, आर्थिक और सांस्कृतिक मुक्ति का मार्ग प्रशस्त करती थी।

कबीर के विपरीत गोस्वामी तुलसीदास वर्णाश्रम व्यवस्था के कट्टर समर्थक थे। कबीर और उनके निर्गुण पन्थ से वर्ण-व्यवस्था को जो क्षति पहुँची थी उससे तिलमिला कर तुलसीदास ने लिखा था :

साखी सबदी दोहरा कहि किहनी उपखान।
भगति निरूपहिं भगत कलि निन्दहिं वेद पुरान।[8]
बदहिं सूद्र द्विजन सन हम तुम्हतें कहु घाटि।
जानहिं ब्रह्म ते विप्र बर आँख देखावहिं डांटि॥[9]

यह तुलसीदास की वर्णाश्रमवादी नैतिक दृष्टि है, जो भक्ति एवं ब्रह्म ज्ञान को केवल ब्राह्मणों तक ही सीमित रखना चाहती है। 'रामचरितमानस' के उत्तर काण्ड में कलियुग का वर्णन करते हुए तुलसीदास ने अपनी वर्णाश्रमवादी मान्यता को अत्यन्त स्पष्टता के साथ प्रस्तुत किया है :

शूद्र द्विजन्ह उपदेसहिं ज्ञाना। मेलि जनेऊ लेहिं कुदाना।
जे बरनाधम तेलि कुम्हारा। स्वपच किरात कौल कलवारा।
नारि मुई घर सम्पति नासी। मूड़ मुड़ाइ होहिं संन्यासी।
ते बिप्रन सनपु आपु पूजावहिं। उभय लोक निज हाथ नसावहिं।
सूद्र करहिं जप तप व्रत नाना। बैठि बरासन कहहिं पुराना॥[10]

इससे स्पष्ट है कि तुलसी के समय तक वर्णाश्रम की प्रतिष्ठा को वैचारिक स्तर पर काफ़ी गहरा धक्का लगा था। इसकी प्रतिष्ठा को क़ायम करने के लिए उन्होंने 'मानस' के साथ ही कवितावली, विनयपत्रिका, दोहावली आदि रचनाओं में ज़ोरदार प्रयास किया है। कवितावली में उन्होंने अपने युग की अराजकता का चित्रण करते हुए लिखा है :

बरन धरम गयो, आश्रम निवास तज्यो,
त्रासन चकित सो परावनो परो सो है।
गोरस जगायो जोगु भगति भगायो लोगु,
निगम नियोग ते सो केलि ही छरो सो है।[11]

वर्णाश्रम धर्म के लोप से सारे समाज में भगदड़, आपा-धापी मची हुई है। कर्म एवं उपासना में बुरी भावना के प्रवेश से ज्ञान नष्ट हो गया है। निकृष्ट साधना पद्धतियों के समावेश से सच्ची भक्ति भावना समाप्त हो गयी है। इससे स्पष्ट है कि तुलसीदास ने अपनी वर्णाश्रमवादी दृष्टि के दायरे में ही समाज के उत्थान या पतन की कल्पना की है। 'विनयपत्रिका' और 'दोहावली' आदि के कलि-वर्णन में भी वे ह्रासग्रस्त सामन्ती-व्यवस्था के नैतिक मूल्यों और सामाजिक-राजनीतिक आदर्शों के समर्थक के रूप में ही सामने आते हैं :

राज समाज कुसाज कोटि कटु, कलपित कलुष कुचाल नई है।
आश्रम-बरन-धरम-विरहित जग, लोक बेद मरयाद गई है।
प्रजापतित पाखण्ड पापरत, अपने-अपने रंग रई है।[12]
गोढ़ गँवार नृपाल महि, जमन महामहिपाल।
साम न दाम न भेद कलि, केवल दण्ड कराल।[13]

तत्कालीन सामाजिक-राजनीतिक व्यवस्था की समीक्षा में तुलसीदास ने पाखण्ड और पाप में लीन पतित प्रजा के साथ ही राज-समाज को भी फटकारा अवश्य है, लेकिन सामन्ती दृष्टिकोण के अनुशासन में रहकर ही। उनके समय में महा-महिपाल के रूप में मुग़ल सम्राट अकबर और जहाँगीर तो थे ही तथाकथित निम्न जातियों ने ही सामाजिक-धार्मिक क्षेत्रों के साथ ही राजनीति के क्षेत्र में भी उच्च वर्ग की सामन्ती सत्ता को ठोस चुनौती दी थी। मध्य प्रदेश के गोड़वाना में गोड़ राजा का आधिपत्य इसका प्रमाण है। वर्णाश्रम-व्यवस्था के समर्थक गोस्वामी

जी को यह बुरा लगा था कि शूद्र या नीची जाति का कोई राजा बने। कवितावली में ही उन्होंने यह भी लिखा है :

वेद धर्म दूरि गए, भूमिचोर भूप भए।
साधु सीधमान जान रीति पाप पीन की॥[14]

यहाँ उनका वेद-धर्म वर्णाश्रम धर्म ही है, जिसमें अपने श्रम और व्यवसाय द्वारा अर्जित भूमि के बल पर छोटी जातियों के लोग भी राजा कहलाने लगे थे। इसे तुलसीदास ने अनर्थ माना है। इससे स्पष्ट है कि वे अपने युग की समाज-व्यवस्था का विश्लेषण करते हुए मानसिक दुर्दशा को कुलीन शोषक-शासक वर्ग की दृष्टि से ही देख पाते हैं, निम्न और शासित वर्ग की दृष्टि से नहीं। इसके विपरीत कबीरदास सामाजिक दुर्दशा का कारण वर्णाश्रम धर्म पर आधारित ऊँच-नीच की भावना को मानते हैं। इसे वे सबकी समानता का एकमात्र समाधान मानते हैं। एक सच्चे सन्त महात्मा की तरह तुलसीदास को सामाजिक दुर्दशा पर दुःख अवश्य होता है, लेकिन उन्हें सबसे अधिक दुःख इस बात का है कि ग़रीब और निम्न जाति के लोग विद्रोह क्यों करते हैं? तथा सम्पन्न शासक वर्ग के लोग अपनी मर्यादा को भूलकर उन पर अत्याचार क्यों करते हैं? इन सभी समस्याओं का उनके पास एक ही समाधान है—शास्त्रमतवादी पौराणिकता पर आधारित वर्णाश्रम धर्म की स्थापना। इसे ही वे लोक और वेद की मर्यादा मानते हैं। इस प्रकार तत्कालीन समाज की सामन्तवादी चेतना ही उनके काव्य में मनोवैज्ञानिक स्तर पर व्यक्त हुई है। यह चेतना ही उनकी वास्तविक मनोभूमि है, जो अन्ततः उनकी वर्गीय मनोभूमि भी है। इसके विपरीत कबीरदास ने वर्णाश्रम धर्म को अत्यन्त असामाजिक सिद्ध करते हुए उस पर गरीब और निम्नवर्ग की दृष्टि से विचार किया है। अतः इस सम्बन्ध में दोनों की सामाजिक दृष्टियाँ परस्पर भिन्न ही नहीं, वरन एक-दूसरे की विरोधी भी हैं।

2. जाति-पाँत, ऊँच-नीच एवं छुआछूत

भारतीय जाति-व्यवस्था सम्पूर्ण विश्व में एक ऐसी अनोखी व्यवस्था है, जो भारतीय समाज-रचना को विशिष्ट रूप देती है। यद्यपि इसका आधार वर्णाश्रम व्यवस्था ही है, लेकिन अपने विकास-क्रम में यह वर्ण से पर्याप्त भिन्न रूप ग्रहण कर गयी है। ब्राह्मण, क्षत्रिय, वैश्य और शूद्र सम्बन्धी चार वर्णों की परम्परागत मान्यता के सम्बन्ध से प्रो. एम. एन. श्रीनिवास ने लिखा है कि इनमें प्रथम तीन द्विज कोटि में आते

हैं, "जो उपनयन के वैदिक संस्कार द्वारा जनेऊ धारण करने के अधिकारी हैं, जबकि शूद्र नहीं हैं।"[15] वेदों की वर्ण-व्यवस्था में यही चार सोपान क्रम हैं, जिनमें शूद्रों के प्रति अस्पृश्यता का समावेश नहीं दिखायी देता। इस सम्बन्ध में प्रो. एम. एन. श्रीनिवास ने लिखा है कि "वेदों की वर्ण-व्यवस्था में केवल चार क्रम हैं और अछूतों को इस व्यवस्था में कोई स्थान नहीं है किन्तु वैदिक साहित्य में आयोग व चाण्डाल, निषाद, पौलकस, जैसे समूहों का उल्लेख मिलता है, जो वर्ण-व्यवस्था के बाहर तथा तिरस्कृत से प्रतीत होते हैं।"[16] बाद में इन तिरस्कृत समूहों को अस्पृश्य या अछूत के रूप में स्वीकृति मिली और आगे चलकर बहुत-सी अब्राह्मण जातियों को भी अछूत में सम्मिलित कर लिया गया। फिर भी वर्ण वाला यह ढाँचा भारतीय जाति-व्यवस्था की वास्तविकता को समझने में बाधा उत्पन्न करता है।

वस्तुतः हमारी ग्राम एवं कृषि-आश्रित अर्थव्यवस्था ने ही भारतीय जाति-व्यवस्था को विशिष्ट रूप दिया है। मध्यकालीन शोषक-शासक सामन्त वर्ग के हितों की रक्षा के लिए वर्णाश्रम की मर्यादा को साधारण जनता पर आरोपित कर दिया गया था। यह कार्य कर्मकाण्डी ब्राह्मणों द्वारा सम्पन्न किया गया। अन्यथा जाति-व्यवस्था कृषि आधारित ग्राम-व्यवस्था की अनिवार्यता थी, जिसमें कर्म और पेशे के अनुसार जातियों का विभाजन हुआ था। ग्राम-स्तर पर सभी जातियाँ एक-दूसरे पर आश्रित थीं। नाई, कहार, धोबी, दर्ज़ी, लुहार, बढ़ई, धुनियाँ, बुनकर, माली, बरई, ग्वाले, हरिजन आदि के अपने-अपने कर्म थे। इनमें से अधिकांश के लिए भू-स्वामियों और काश्तकारों की ओर से वार्षिक अनाज दिया जाता था। जहाँ प्रत्येक जाति की अपनी एकता और कई गाँवों की जातियों की सम्मिलित पंचायतें थीं, वहीं हर गाँव की एक पंचायत भी होती थी। अपनी जातीय एकता के साथ ही गाँव अन्य जातियों की एकता के प्रति सजग थे। ब्राह्मण से ले कर हरिजन तक गाँव के प्रति अपनी निष्ठा रखते थे। इसी सहज व्यवस्था को असहज और शोषण-मूलक बनाने में ब्राह्मण पुरोहित वर्ग का विशेष हाथ है। वेद, पुराण और शास्त्रों की आड़ में उसने उच्च जातियों की मिलीभगत से निम्न जातियों के शोषण का मार्ग प्रशस्त किया। इस क्रम में अधिकांश निम्न जातियाँ, विशेष रूप से अछूत और शूद्र समझी जाने वाली जातियाँ, अपने सामाजिक, राजनीतिक और धार्मिक अधिकारों से ही नहीं, वरन आर्थिक विकास के अधिकार से भी वंचित हो गयीं। कबीर के युग तक यह जातीय भेद-भाव और ऊँच-नीच की भावना चर्मोत्कर्ष पर पहुँच गयी थी।

कबीर युगीन भारत में वर्णाश्रम की मर्यादा के कारण जातीय विभेद अत्यन्त विकराल रूप धारण कर चुका था। इसके साथ ही हिन्दू-मुसलमानों के बीच साम्प्रदायिक विद्वेष पराकाष्ठा पर था। कबीरदास ने इस प्रकार की भावना का कड़ा विरोध करते हुए कहा है, "यदि ईश्वर वर्ण (जाति) के भेद को मानता तो जन्म से ही मनुष्य को तीन श्रेणियों में विभाजित क्यों नहीं कर देता? सबका शरीर एक ही तत्त्व से बना है और सब मनुष्य हैं। हमारे-तुम्हारे शरीर में एक ही ख़ून है, एक ही प्राण है, एक ही तरह सब गर्भ में दस मास निवास करते हैं। सभी एक माँ से पैदा हुए हैं, तो किस ज्ञान से तुम अपने को अलग समझते हो।"[17]

कबीर ने सबसे अधिक आक्रोश ब्राह्मण जाति पर प्रकट किया है। यह वह समुदाय है, जो धार्मिक कर्मकाण्ड और वेद-पुराण-शास्त्र का सहारा ले कर जाति-पाँत के नरक को और अधिक भयावह बना रहा था। उसकी नीतियों से बौखला कर कबीर ने कहा है, "यदि तू ब्राह्मणी से पैदा होने वाला ब्राह्मण है तो दूसरे मार्ग से क्यों नहीं जन्म लिया।"[18] ब्राह्मणों के छूत-अछूत विचार की उन्होंने धज्जियाँ उड़ाकर रख दी हैं। कबीर ने जातीय उच्चता पर विश्वास करने वालों को स्पष्ट रूप से अज्ञानी घोषित कर दिया है। उन्होंने बचपन से जाति-पाँत के नाम पर होने वाले अनाचारों को बड़े ध्यान से देखा-सुना और स्वयं झेला था। अतः इस विषाक्त वातावरण ने उन्हें जन्म से ही विद्रोही बना दिया था। वे काशी के ब्राह्मणों को ललकार कर कहते हैं :

तू बामन मैं कासी का जुलाहा, चीन्हि न मोर गियाना।[19]

ब्राह्मणों की पवित्रता की भावना पर आघात करते हुए कबीर ने अत्यन्त सहज लेकिन अकाट्य तर्कों के सहारे उन्हें दुत्कारते हुए कहा है :

काहे को कीजै पांडे छोति बिचारा। छोतिहि ते उपना सब संसारा॥
हमारे कैसे लोहू तुम्हारे कैसे दूध। तुम कैसे बामन पांडे हम कैसे सूद॥
छोति-छोति करता, तुम्हही जाए। तो गर्भवास काहे को आए।[20]

वे साफ़-साफ़ शब्दों में पूछते हैं कि अरे! पाण्डे तू छूत-अछूत की बात क्यों करता है? छूत अथवा स्पर्श से ही यह संसार पैदा हुआ है। अर्थात बिना स्पर्श या दो वस्तुओं के संयोग से कोई वस्तु निर्मित नहीं होती। इसलिए हमारा शरीर कैसे ख़ून से और तुम्हारा दूध से कैसे बना है। अर्थात दोनों के शरीर में एक

ही प्रकार का रक्त होने पर एक कैसे अपवित्र और दूसरा पवित्र बन सकता है। एक ही तत्त्व से निर्मित शरीर पाकर तुम किस प्रकार ब्राह्मण और मैं अछूत हो सकता हूँ। तुमने ही छुआछूत का सब आडम्बर फैला रखा है। छूत से तुम्हें बचना था तो इतने समय तक गर्भवास में क्यों बिताए। वह तो सबसे अछूत जगह है। इस प्रकार कबीर ने अस्पृश्यता के सामाजिक कोढ़ पर अत्यन्त कठोर आघात किया है।

कबीर के विद्रोही उपदेशों की अनुगूँज उनकी मृत्यु के बाद पैदा होने वाले तुलसीदास के लिए चुनौती के रूप में आस-पास के वातावरण में मँडरा रही थी। वर्णाश्रमवादी जाति-व्यवस्था के समर्थक तुलसीदास के लिए वह असह्य थी। शूद्रों द्वारा ब्राह्मणों के इस अपमान को उन्होंने घोर कलयुग का प्रभाव माना। इसका तीखा प्रतिवाद करते हुए उन्होंने अत्यन्त तिलमिलाहट के साथ कहा हैः

बादहि सूद्र द्विजन सन हम तुम्हते कछु घाटि।
जानइ ब्रह्म सो विप्रवर आँखि देखावहिं डाँटि॥[21]

यह स्पष्ट है कि यह तिलमिलाहट कबीर जैसे निर्गुण सन्तों के उपदेशों से ही पैदा हुई है। तुलसीदास को यह असह्य था कि शूद्र ब्रह्मज्ञान की चर्चा करें या ब्राह्मणों से शास्त्रार्थ करें। उन्होंने रामकथों का सहारा ले कर ब्राह्मणों की श्रेष्ठता और शूद्रों की हीनता को सिद्ध करने का ज़ोरदार प्रयास किया। अपने इस प्रयास में वे कभी-कभी सदाचार की नैतिक सीमा का भी उल्लंघन कर जाते हैं, जिसे निम्नलिखित उदाहरणों में आसानी से लक्ष्य किया जा सकता है :

सापत ताड़त परूष कहन्ता। विप्र पूज्य अस गावहिं सन्ता।
पूजिय विप्रशील गुन हीना। सूद्र न गुन-गन ज्ञान प्रवीना॥[22]
ढोल गँवार सूद्र पशु नारी। सकल ताड़ना के अधिकारी। [23]
अधम जाति मैं विद्या पाए। भयउँ जथा अहि दूध पिलाए।[24]
द्विज द्रोही न सुहाइय कबहूँ। सुरपति सरिस होइ नृप जबहूँ।[25]
अब जनि करहि बिप्र अपमाना। जानेसु सन्त अनन्त समाना।[26]

उपर्युक्त पहले उदाहरण में मर्यादा पुरुषोत्तम राम स्वयं कबन्ध को उपदेश देते हैं। दूसरी उक्ति भयभीत समुद्र की है, जो राम के सामने प्रस्तुत करता है। तीसरे उदाहरण में कागभुसुण्डि ने अपने पूर्व जन्म शूद्र धर्म से विरत होने के परिणाम बताये हैं। चौथे और पाँचवें उदाहरण में शिव स्वयं ब्राह्मणों की श्रेष्ठता

स्थापित करते हैं। इससे स्पष्ट है कि शूद्र-विषयक तुलसीदास की मान्यता ब्राह्मण-शूद्र के द्वन्द्व से उत्पन्न हुई है। अत्यन्त उपेक्षित और पददलित होने के कारण इस वर्ग ने ही ब्राह्मणसत्ता को चुनौती दी थी। इस चुनौती का सांस्कृतिक स्तर पर कबीर ने प्रतिनिधित्व किया था। इस सन्दर्भ में यह ध्यान देने की बात है कि कबीर ने सब की समानता और बराबरी का केवल दावा मात्र नहीं किया था, बल्कि उन्होंने कुलीन और अभिजात वर्ग के सम्मुख अपने को पूजनीय भी बना दिया था। यह स्थिति तुलसी के लिए अत्यन्त शोचनीय थी। उनकी ब्राह्मण चेतना शूद्र को गँवार, पशु, अभागा और अशुभ के रूप में स्वीकार करती है। वे शूद्र को विद्यादान करने को सर्प को दूध पिलाने के समान मानते थे। उनके लिए शूद्र पशुवत-प्रतारणा का ही अधिकारी था। शूद्रों का भक्त, ज्ञानी या संन्यासी बनना भी तुलसीदास की दृष्टि से अत्यन्त घातक था। यदि तुलसीदास की उक्त मान्यताओं को शंकराचार्य की एतदविषयक मान्यताओं के समक्ष रखकर देखें तो इनका प्रेरणा-स्रोत और भौतिक आधार दोनों स्पष्ट हो जाएँगे।

शंकराचार्य की वर्णाश्रमधर्मी जाति-पाँत सम्बन्धी मान्यता को स्पष्ट करते हुए श्री के. दामोदरन ने लिखा है कि उन्होंने अपने मत को न्यायसंगत ठहराने के लिए शास्त्रों और श्रुतियों का इस प्रकार हवाला दिया, ''इन बातों के बारे में हम 'गौतम धर्म-शास्त्र' में स्पष्ट निर्देश देखते हैं। 'जो शूद्र वेदों को सुने उसके कानों में पिघला हुआ शीशा और लाख भर दिया जाना चाहिए' (12, 4)। 'यदि वह वैदिक शब्दों का उच्चारण करे तो उसकी जिह्वा काट ली जानी चाहिए इत्यादि' (13, 5, 6)। 'केवल द्विज को ही यज्ञपाठ करने, दान देने व लेने का अधिकार है' (10, 1)। 'शूद्र को ज्ञान नहीं दिया जाना चाहिए' (मनु. 4, 80)। इसके बाद शंकराचार्य निष्कर्ष निकालते हैं–वेदों का श्रवण वर्जित होने से तात्पर्य यह है कि वेदों का अध्ययन और उनका अर्थ जानना भी वर्जित है, क्योंकि अध्ययन के बिना कोई अर्थ जान ही कैसे सकता है और बिना श्रवण किये कोई अध्ययन कैसे कर सकता है?'' (ब्रह्मसूत्र 1, 3, 34-38)[27]

इससे स्पष्ट है कि अपनी प्रखर प्रतिभा का उपयोग शंकराचार्य ने जाति-व्यवस्था के समर्थन में किया, जो तत्कालीन सामन्ती समाज से उच्च-वर्गों के हितों की रक्षा के लिए ज़रूरी था। इस तथ्य को रेखांकित करते हुए डॉ. राधाकृष्णन ने लिखा है : ''कोई विचारक, जो सत्य के प्रति एक बृहत्तर अवधारणा की ओर बढ़ रहा होता है, अपने युग की सामान्य मान्यताओं से पूर्णतः छुटकारा नहीं पा लेता…। यह परम्परागत सिद्धान्त कि किसी जाति विशेष में जन्म लेने पर जाति

बदली नहीं जा सकती, बल्कि वह पूर्व जन्म का अनिवार्य परिणाम है, शंकराचार्य को उच्च वर्गों, देवताओं और ऋषियों के इस दावे को मानने के लिए प्रेरित करता है कि वेदों का अध्ययन करना उनका ही विशिष्ट अधिकार है।''[28] यदि स्पष्ट शब्दों में कहा जाए तो यह शंकराचार्य की वर्गीय मनोभूमि थी, जो असामाजिक पद्धति पर विकसित जातीय भेद-भाव की मान्यता को स्वीकृति प्रदान करने के लिए प्रेरित कर रही थी। आख़िर वही ब्रह्मसूत्र और उसके परम्परागत सिद्धान्त रामानुजाचार्य, मध्वाचार्य, निम्बार्क, वल्लभाचार्य आदि के समान थे फिर भी उन्होंने शंकराचार्य से भिन्न निष्कर्ष क्यों दिए? तुलसीदास के सन्दर्भ में यह प्रश्न विचारणीय है। इस दृष्टि से वे रामानुज और रामानन्द से अपने को अलग कर लेते हैं तथा मुक्ति ही नहीं, वरन सामाजिक जीवन में भी सेवक-सेव्य की भावना का प्रतिपादन करते हैं।

यह सही है कि ब्राह्मण-रत्न वशिष्ठ द्वारा निम्न वर्ग के गुह-निषाद को गले लगाकर तुलसी ने अपनी जातीय उदारता का परिचय भी दिया है।

प्रेम पुलक केवट कहि नामू। कीन्ह दूरि से दण्ड प्रनामू।
राम-सखा रिषि बरबस भेंटा। जनु महि लुठत सनेह समेटा॥

केवट अपने को नीच और अस्पृश्य समझकर दूर से ही जमीन पर लेटकर अपना नाम बताते हुए वशिष्ठ को प्रणाम करता है। महर्षि उसे राम-सखा जानकर जमीन पर लुढ़के हुए स्नेह की तरह गले लगाते हैं। लेकिन इसे तुलसी की जातीय उदारता न मानकर उनकी मर्यादावादी दृष्टि का ही परिचायक मानना चाहिए। यहाँ केवट ऊँच-नीच की भावना पर आधारित सामाजिक सम्बन्धों की स्वीकृत आचार-निष्ठा का पालन करने के बाद ही वशिष्ठ की कृपा का पात्र बन पाता है। गुह-निषाद, कोल-किरात, भील आदि जंगली जातियाँ अपने लिए समाज स्वीकृत आचरण का पूरी निष्ठा के साथ पालन करने के बाद ही राम की कृपा के पात्र और उनके द्वारा गले लगाए जाने के अधिकारी बन पाती हैं। वशिष्ठ और राम कहीं से भी, किसी रूप में वर्णाश्रमवादी जाति-व्यवस्था को आघात पहुँचाए बिना निम्न जातियों के लिए पूज्य बन जाते हैं।

कबीर का मार्ग सुलह-समझौते या नितान्त विनम्रता का न हो कर अपने अधिकारों के लिए, अपनी सामाजिक-धार्मिक मुक्ति के लिए जूझने का मार्ग था। आज इतिहास की इस लम्बी यात्रा ने सिद्ध कर दिया है कि तुलसी की अपेक्षा कबीर का मार्ग अधिक सही और मानवीय था।

लेकिन उसका भौतिक आधार एकदम कमज़ोर था। कबीर से ले कर तुलसीदास के समय तक कृषि आधारित ग्रामीण अर्थतन्त्र और उसकी पंचायती-व्यवस्था अत्यन्त दृढ़ थी। आत्म-निर्भर ग्राम इकाई का संचालन ग्राम-पंचायत द्वारा होता था। इसके मुखिया और पंचों में ठाकुर, ब्राह्मण-पुरोहित, साहूकार-महाजन के साथ ही प्रायः सभी प्रमुख जातियों के मुखिया भी होते थे। इस तरह पंचायतें समूचे गाँव का प्रतिनिधित्व करती थीं। इनका फैसला सभी के लिए मान्य होता था, चाहे वह सम्पन्न एवं सवर्ण लोगों के पक्ष में ही क्यों न हो। गाँव की अधिकांश जातियों की अपनी भी पंचायतें हुआ करती थीं, जो आस-पास के गाँवों के सजातीय लोगों द्वारा मिलकर बनती थीं। ये पंचायतें जहाँ प्रत्येक जाति के आपसी विवाद और सदस्यों के व्यापक हितों के मामलों को सुलझाती थीं, वहीं जातीय कर्मानुष्ठान के बन्धन को भी दृढ़ करती थीं। इस व्यवस्था में जाति या बिरादरी से निष्कासन एक बहुत बड़ा सामाजिक दण्ड माना जाता था।

कबीर के समय तक आत्म-निर्भर ग्राम इकाई द्वारा सुरक्षित जाति-व्यवस्था ने ऊँच-नीच एवं छुआछूत की भावना के कारण शोषणमूलक बनकर अत्यन्त विकराल रूप धारण कर लिया था। कबीर और उनके निर्गुण पन्थ ने जातीय भेद-भाव वाली इस व्यवस्था और इसकी एक महत्त्वपूर्ण कारक शक्ति ब्राह्मण-पुरोहितवाद पर जमकर कुठाराघात किया। लेकिन आत्मनिर्भर ग्राम इकाई को तोड़े बिना इस जाति-व्यवस्था का उन्मूलन सम्भव नहीं था। निर्गुण भक्तों के माध्यम से इसे एक गम्भीर चुनौती अवश्य मिली और उसमें कुछ शिथिलता भी अवश्य आयी। इसका प्रभाव शहरों और उनके आस-पास के गाँवों तक ही अधिक सीमित रहा, जहाँ कारीगर, शिल्पी और व्यवसायी आदि जातियों को बाज़ार और उसके लिए माल उत्पादन की सुविधा मिली थी। भौतिक आधार की कमज़ोरी और किसी वैकल्पिक व्यवस्था के अनवकाश के कारण निर्गुण भक्ति आन्दोलन को मुँह की खानी पड़ी। गोस्वामी तुलसीदास को अपनी सगुण-साकार राम-भक्ति द्वारा लोक मर्यादा के रूप में वर्ण-व्यवस्था की पुनःप्रतिष्ठा में कोई विशेष दिक़्क़त नहीं हुई।

अपने समय की जातीय-व्यवस्था की विभीषिका के यथार्थ का ज्ञान तुलसीदास को भी जीवन के अन्तिम क्षणों में हुआ था। इसका प्रमाण उन्होंने कवितावली में इस प्रकार दिया है :

धूत कहौ, अवधूत कहौ, रजपूत कहौ, जोलहा कहौ कोऊ।
काहू की बेटी-सो बेटा न ब्याहब काहू की जात बिगारों न सोऊ॥[29]

मेरी जाति-पाँति, न चहौ काहू की जाति-पाँति,
मेरे कोऊ काम को, न मैं काहू के काम को।[30]

जब वर्णाश्रमवादी ब्राह्मण समुदाय के मंच से तुलसीदास पर अब्राह्मण होने का आरोप लगाया गया था तो वह चकित रह गये। खिन्नता की स्थिति में वे गाली-गलौज पर उतर आते हैं। जीवन-पर्यन्त वर्णाश्रम की मान्यता और परम्परागत जाति-व्यवस्था की प्रतिष्ठा में तत्पर रहने के बावजूद उन्हें इस व्यवस्था की ग़लाज़त का शिकार बनना पड़ा था।

उपर्युक्त तथ्यों के विवेचन-विश्लेषण के आधार पर यह आसानी से कहा जा सकता है कि जाति-पाँत, ऊँच-नीच, छुआछूत आदि की समस्याओं को लेकर कबीर और तुलसी की दृष्टि केवल भिन्न ही नहीं, वरन परस्पर विरोधी भी थी। उनके द्वारा दो परस्पर विरोधी हितों, दो विरोधी वर्गीय रुख़ और रुझानों की अभिव्यक्ति हुई है।

3. सामाजिक-धार्मिक पाखण्ड एवं अन्धविश्वास

भक्तिकालीन जनजीवन अनेक सामाजिक-धार्मिक पाखण्डों तथा अन्धविश्वासों से ग्रस्त था। पूरा समाज साम्प्रदायिक विद्वेष (हिन्दू-मुसलमान, जैन-बौद्ध, ब्राह्मणशाक्त) और जातीय भेद-भाव (ब्राह्मण-शूद्र, वैश्य-क्षत्रिय) की गहरी खाई से विभाजित था। इस माहौल में सबसे अधिक उत्पीड़ित साधारण जनता ही थी। उसके उद्धार के लिए कबीरदास को साम्प्रदायिक और जातीय—दोनों स्तरों पर संघर्ष करना पड़ा। इस संघर्ष की दिशा सामाजिक-धार्मिक थी। इसके लिए हिन्दू-मुस्लिम एकता और हिन्दुओं के बीच जातीय समानता की स्थापना आवश्यक थी। इन दोनों क्षेत्रों को विकृत करने वालों में धर्म के ठेकेदार ही प्रमुख थे। इसलिए कबीरदास के आक्रमण की धार एक तरफ़ काज़ी-मुल्लाओं की ओर थी तो दूसरी ओर हिन्दुओं के कर्मकाण्डी पण्डे-पुरोहितों की तरफ़। कबीर ने इन दोनों को चुनौती देते हुए भक्ति का एक सर्व-स्वीकृत मार्ग निकाला, जिसमें धार्मिक एकता और जातीय समानता की भावना मुख्य थी। यह मार्ग था निर्गुण निराकार की उपासना का मार्ग।

कबीर का निर्गुण मार्ग उनके अपने युग की आवश्यकता थी। इसके द्वारा जहाँ एक तरफ़ सबके लिए समान रूप से भक्ति का धार्मिक अधिकार प्राप्त किया जा सकता था, वहीं दूसरी तरफ़ सभी धर्मों में व्याप्त पाखण्ड एवं अन्धविश्वास पर चोट की जा सकती थी। इसके लिए न तो मन्दिर-मस्जिद में जाने की ज़रूरत थी और न ही तीर्थ-व्रत, रोज़ा-नमाज़ जैसे क्रिया-कलापों की। इनके कर्मकाण्डों

के साथ पवित्रता का ऐसा भाव जुड़ा हुआ था, जो निम्न जातियों एवं दलित समुदाय के मार्ग में सबसे बड़ी बाधा था। किसी नीची जाति के लिए मन्दिर में जाना, पूजा-हवन आदि करना, छापा-तिलक लगाना, संध्या-गायत्री का पाठ करना, पुराण-भागवत आदि पढ़ना निषिद्ध था। इन चीज़ों को ध्यान में रखते हुए कबीरदास ने सभी धार्मिक बाह्याचारों को पाखण्ड और आडम्बर घोषित किया।

हिन्दू-मुस्लिम एकता के लिए कबीरदास ने राम-रहीम की एकता पर बल दिया। साम्प्रदायिक विद्वेष को बढ़ावा देने के कारण उन्होंने दोनों को पथभ्रष्ट कहा :

अरे इन दोउन राह न पाई।
हिन्दू अपनी करे बड़ाई गागर छुवन न देई।
वैस्या के पायन तर सोवै यह देखो हिंदुआई।
मुसलमान के पीर औलिया मुर्गी-मुर्गा खाई।
खाला केरि बेटी ब्याहै घरहिं में करै सगाई।
हिन्दुन की हिन्दुवाई देखी तुरकन की तुरकाई।
कहै कबीर सुनो भाई साधौ कौन राह ह्वै जाई।[31]

कबीरदास ने परम्परागत हिन्दू और इस्लाम धर्म के कर्मकाण्डों को त्याग कर उपेक्षित-पददलित साधारण जनता के लिए एक सुगम मार्ग दिखाया। हिन्दुओं और मुसलमानों की त्रुटियों को रेखांकित करते हुए इन्होंने इस मार्ग की खोज की थी। इसे साधारण जनता के सामने पूरे विश्वास के साथ कबीरदास ने प्रस्तुत किया है :

सन्तो राह दुनो हम दीठा।
हिन्दू-तुरक हटा नहिं मानैं स्वाद सबनि को मीठा।
हिन्दू बरत एकादसि साधै, दूध-सिंघारा सेती।
अन को त्यागै मन को न हटकें, वारन करें सगोती।
तुरक रोज़ा निमाज़ गुजारैं, बिसमिल बांग पुकारैं।
इनकी भिस्त कहां ते होइहि, सांझै मारैं मुरगी।

× × ×

हिन्दू तुरक की एक राह है, सतगुरु इहै बताई।
कहंहि कबीर सुनहु हो सन्तो राम न कहेउ खुदाई।[32]

इस प्रकार कबीरदास ने दोनों ही सम्प्रदायों के पाखण्डों का पर्दाफ़ाश करते हुए राम और रहीम की एकता को सिद्ध किया तथा सबके लिए उपासना का

एक मार्ग प्रस्तुत किया। क़ाज़ियों को फटकारते हुए उन्होंने कहा है कि "ऐ क़ाज़ी! तुम किस क़ुरान का बखान करते हो। उसे पढ़ते-पढ़ते कितने दिन बीत गये लेकिन वास्तविकता का पता तुम्हें अब तक नहीं लग पाया। अपने तो ख़तना कराके मुसलमान न बन जाते हो लेकिन औरत को कैसे मुसलमान बनाओगे। यह कैसा विचित्र धर्म है, जिनमें एक ही परिवार दो जातियों में बँटा है। अर्धांगिनी के रूप में नारी पुरुष का आधा शरीर होता है, अतः तुम आधा हिन्दू और आधा मुसलमान हो कर जी रहे हो।"[33] क़ाज़ियों की तरह ही कबीर ने मुल्लाओं को भी फटकारते हुए कहा है कि "ऐ मुल्ला! तुम इतनी दूर से किसको बुला रहे हो, राम-रहीम तो सभी जगह व्याप्त हैं। यह बात तो सारे संसार को मालूम है कि ईश्वर गूँगा या बहरा नहीं है। यह भूलना बहुत बड़ा झूठ है कि राम-रहीम तो घट-घट में व्याप्त हैं।"[34]

इस्लाम मतावलम्बियों की अपेक्षा कर्मकाण्डों की बहुलता के कारण हिन्दू धर्म के साथ और अधिक पाखण्ड जुड़े गये थे। इन कर्मकाण्डों के संचालक पण्डित-पुरोहित अनेक बाह्याचारों में साधारण लोगों को फँसा कर अपना उल्लू सीधा कर रहे थे। इन्हें बड़े जमींदारों और सम्पन्न लोगों से वार्षिक वृत्ति मिलती थी, जिनके हितों की रक्षा के लिए ये पण्डे-पुरोहित शास्त्रों को तोड़-मरोड़ कर व्याख्या भी कर देते थे। लेकिन साधारण लोगों के सीने पर ये रात-दिन सवार रहते थे। बीमारी, जन्म, नामकरण, विवाह से ले कर मृत्यु और श्राद्ध तक के अवसर पर पण्डित-पुरोहित द्वारा साधारण जनता को लूटे जाने की एक लम्बी परम्परा थी। इस परम्परा के आधार कर्मकाण्ड ही थे। इन कर्मकाण्डों की एक प्राचीन परम्परा थी, जिसका निर्वाह करना सामाजिक प्रतिष्ठा की दृष्टि से भी आवश्यक था।

सामाजिक प्रतिष्ठा के साथ ही शुभ-अशुभ, पाप-पुण्य की धार्मिक मान्यता भी इन कर्मकाण्डों के साथ गहराई से जुड़ी हुई थी। इसलिए सबको परम्परागत रीति-रिवाजों का पालन करना पड़ता था। कबीरदास ने इस स्थिति को गहराई से महसूस कर इसके निराकरण का प्रयास किया था।

कबीरदास ने पण्डितों-पुरोहितों की हीन वृत्ति पर गहरा कटाक्ष करते हुए कहा था कि "पण्डित दूसरों से पर-सेवा, पर-उपकार, दान-पुण्य आदि की बात करते थे और इस प्रकार सदाचार की शिक्षा देते थे जिससे वे स्वयं कोसों दूर रहते थे।"[35] इन ब्राह्मणों के पाखण्ड को देखते हुए उन्होंने कहा था कि "ब्राह्मण जगत का गुरु बन सकता है लेकिन साधुओं का नहीं, क्योंकि वह चारों वेदों

के अध्ययन में ही उलझ-उलझ कर रह जाता है। संसार की वास्तविकता उससे दूर ही रहती है।"[36] ये लोग किस प्रकार दूसरों की कमाई का फल भोग रहे थे, उसका यथार्थ चित्रण करते हुए कबीर ने कहा है कि "ये पाखण्डी लोग इतने अकर्मण्य और लालची बन गये थे, जो दूसरों की खाण्ड, खिचड़ी, पेड़ा, रोटी आदि को खा कर मज़े ले रहे थे। इनके चक्कर में पड़ना अपना ही गला कटवाना है।"[37]

कर्मकाण्ड और कर्मकाण्डी ब्राह्मणों के साथ कबीर ने वेद, पुराण, शास्त्र, सन्ध्या, तर्पण, गायत्री मन्त्र के जाप आदि को निरर्थक बताते हुए कहा है :

पण्डित भूले पढ़ि-गुनि बेदा। आप न पावै नाना भेदा॥
सन्ध्या तर्पन अरू षटकर्मा। लागि रहै इनके आश्रमा॥
गायत्री युग चारि पढ़ाई। पूछौं जाई मुकुति किन पाई॥[38]

इसी प्रकार मूर्ति-पूजा, तीर्थ-स्थान, एकादशी व्रत आदि की निरर्थकता को उजागर करते हुए कबीर ने सभी प्रकार के धार्मिक पाखण्डों का पर्दाफ़ाश किया है।

कबीर के विपरीत तुलसीदास वेद, पुराण, अन्यान्य शास्त्रों को सामाजिक मर्यादा की रक्षा के लिए आवश्यक मानते थे। बहुदेवोपासना का स्थान-स्थान पर विरोध करने के बावजूद उन्होंने अनेक देवी-देवताओं की निष्ठापूर्वक स्तुति की है। गंगा-यमुना जैसी नदियों की पवित्रता और काशी, चित्रकूट, अयोध्या, प्रयाग जैसे तीर्थ-स्थलों की पावनता में उन्होंने अपना पूरा विश्वास प्रकट किया है। हिन्दू शास्त्रों-पुराणों की मान्यताओं पर उन्होंने कहीं भी प्रश्न-चिन्ह नहीं लगाया है। वर्णाश्रम धर्म की मर्यादा के वे समर्थक रहे हैं। इन सभी दृष्टियों से उन्हें पुनरुत्थानवादी ही कहा जा सकता है। कवितावली, रामचरितमानस, विनय पत्रिका आदि में उनके द्वारा प्रस्तुत कलि-वर्णन के आधार पर उपर्युक्त तथ्यों की आसानी से पुष्टि की जा सकती है। इसके बावजूद तुलसी एक निर्विकार, सहृदय सामाजिक व्यक्ति और निर्मल आत्मा वाले भक्त के रूप में महत्त्वपूर्ण हैं।

जहाँ तक भक्ति का सम्बन्ध है तुलसीदास ने उसे अत्यधिक मानवीय बनाने का प्रयास किया है। वे स्वयं धर्म और भक्ति के क्षेत्र में बाह्याडम्बरों के विरोधी थे। उनका भक्ति सम्बन्धी आदर्श था :

सत्य वचन मानस विमल कपट रहित करतूति।
तुलसी रघुवर सेवकहिं सकै न कलिजुग धूति॥
प्रीति राम सों नीति पथ चलिय राग रस जीति।
तुलसी सन्तन के मते इहें भगत की रीति॥[39]

एंक बेहतर मानव ही एक बेहतर भक्त हो सकता है। लेकिन दोनों के लिए राम का सेवक होना अनिवार्य है। राम के प्रति ममता का मतलब वे सारे समाज की समता से लगाते हैं।

तुलसी ममता राम सों समता सब संसार।
राग न रोष न द्वेष दुःख दास भए भव पार॥[40]

लेकिन तुलसीदास के ये राम कबीर के राम से भिन्न हैं। अपने निर्गुण निराकार राम का सहारा ले कर कबीर ने ब्राह्मण के रूप में पण्डों-पुरोहितों और उनके द्वारा अपनाये गये सामाजिक-धार्मिक कर्मकाण्डों को अभी अनर्थों की जड़ माना था। लेकिन तुलसी के उन सगुण राम के अवतार का मुख्य उद्देश्य है :

भगत भूमि भूसुर सुरभि सुर-हित लागि कृपालु।
करत चरित धरि मनुज तन सुनत मिटहि जग जाल॥[41]

राम-भक्त, ब्राह्मण, गायों और देवताओं के कल्याण के लिए जन्म लेते हैं। तुलसीदास रामावतार के इस उद्देश्य को बार-बार प्रस्तुत करते हैं :

बिप्र धेनु सुर सन्त हित लीन्ह मनुज अवतार।
निज इच्छा निर्मित तनु माया गुन गो पार॥[42]

इस राम के माध्यम से तुलसीदास ने उन अधिकांश शास्त्र-पुराणवादी मान्यताओं की पुनः प्रतिष्ठा की, जिनके विरुद्ध कबीरदास ने अपने निर्गुण पन्थ के माध्यम से एक ज़ोरदार संघर्ष छेड़ा था। इससे स्पष्ट है कि तुलसी और कबीर के उद्देश्यों की दिशा ही नहीं उनके अन्तिम परिणाम में भी अन्तर है। यह अन्तिम परिणाम क्या है, इस ओर संकेत करते हुए मुक्तिबोध ने लिखा है, "राम भक्ति शाखा की सगुण भक्ति के माध्यम से समाज के शासक वर्ग ने न केवल वेद शास्त्र सम्मत परम्परागत सामाजिक ढाँचे को बरकरार रखना चाहा, जाति-विरोधी, सामन्त-विरोधी निर्गुण पन्थ पर सबसे बड़ी चोट की। इस प्रकार भक्ति का आन्दोलन, जिस पर प्रारम्भ में निम्न जातियों का सर्वाधिक ज़ोर था, उस पर अब उच्च वर्गों का आधिपत्य हो गया। समाज के शासक वर्ग का स्वप्न पूरा हुआ।"[43]

तुलसीदास ने धार्मिक-सामाजिक कर्मकाण्डों का कहीं भी खण्डन या मण्डन नहीं किया है। लेकिन लोक-वेद की मर्यादा और शास्त्र-सम्मत पौराणिक मान्यताओं की दुहाई दे-देकर परोक्ष रूप से इन्हें बढ़ावा अवश्य दिया है या कम-से-कम इनके लिए जगह ख़ाली रहने दिया है। इस प्रकार सामाजिक एवं धार्मिक पाखण्डों के

विरोध या समर्थन को ले कर भी दोनों की सामाजिक दृष्टि में पर्याप्त अन्तर माना जा सकता है। क्योंकि शास्त्र, पुराण, स्मृतियों के रूप में जिन कर्मकाण्डी ठोस आधारों को कबीर ध्वस्त करना चाहते थे, उन्हें तुलसीदास ने अत्यन्त प्रतिभाशाली ढंग से पुनः पुष्ट किया है।

4. अवतारवाद

ईश्वर के अवतार की कल्पना का संकेत हमें गीता, महाभारत आदि से मिलने शुरू होते हैं, लेकिन विष्णु के अवतार तथा ब्रह्म के रूप में रामावतार का उल्लेख ई. पूर्व प्रथम शताब्दी से पहले नहीं मिलता। एक व्यक्ति और पुरुषोत्तम के रूप में राम का उल्लेख काफ़ी प्राचीन है। फिर भी पाँचवीं-छठी शताब्दी तक राम की भक्ति का विशेष महत्त्व नहीं था। अलवार भक्तों ने (500 ई. से 850 ई. तक) कृष्ण को सर्वाधिक महत्त्व देते हुए भी सभी अवतारों के साथ ही राम के प्रति भी श्रद्धाभाव व्यक्त किया है। इस परम्परा के लगभग अन्तिम सन्त कुलशेखर आलवार ने नवीं शती के मध्य में रामभक्ति का अत्यन्त प्रौढ़ निरूपण किया। दसवीं-ग्याहरवीं शती में आचार्य रामानुज ने रामभक्ति को शास्त्रीय आधार देकर पूरी तरह प्रतिष्ठित किया। इन्हीं की शिष्य परम्परा में आने वाले रामानन्द ने राम-भक्ति को उत्तर भारत में प्रचारित किया। कबीर के समय तक परब्रह्म के अवतार और दशरथ पुत्र राम की भक्ति सामाजिक-धार्मिक जीवन में अपनी जड़ पूरी तरह जमा चुकी थी। इससे ब्राह्मण श्रेष्ठता, वेद में आस्था, वर्णाश्रम-व्यवस्था के प्रति विश्वास आदि पौराणिक मान्यताओं को पूर्ण प्रतिष्ठा मिली।

दाशरथि राम की परब्रह्म के रूप में प्रतिष्ठा और इसके प्रति कबीर के अस्वीकार की भावना को रेखांकित करते हुए डॉ. राजदेव सिंह ने लिखा है: "ब्राह्मण श्रेष्ठता में अविश्वास करने वाले, वेद में आस्था न रखने वाले लोगों की परम्परा इस देश में काफ़ी पुरानी है, लेकिन उपलब्ध साहित्य एवं अन्य सम्बद्ध सूचनाओं के हिसाब से दाशरथि राम की भगवत्ता को अस्वीकार करने वाले प्रथम व्यक्ति कबीर थे। कबीर के बाद और तुलसी के पहले इस तरह के और भी बहुत सारे सन्तों का साहित्य हमें मिलता है।"[44]

निर्गुण पन्थ के कबीर द्वारा अवतारवाद और विशेष रूप से दशरथ सुत राम के अवतार का इतना विरोध क्यों किया गया, यह एक विचारणीय प्रश्न है। वस्तुतः अवतारवाद हिन्दू-धर्म की एक ऐसी पौराणिक मान्यता रही है, जिसके आधार पर भारतीय वर्ण-व्यवस्था, जातीय श्रेष्ठता और हीनता की असामाजिक

भावना को सबसे अधिक बल मिला है। इनमें भी विशेष रूप से दाशरथि राम के रूप में साक्षात ब्रह्म का अवतार कबीरदास के लिए अत्यन्त घातक प्रतीत हुआ। राम हिन्दू समाज की सम्पूर्ण परम्परागत सामाजिक-धार्मिक मान-मर्यादा के ठोस प्रतीक बन गये थे। मर्यादा पुरुषोत्तम के रूप में अत्यन्त प्राचीन काल से इन्हें जो प्रतिष्ठा प्राप्त हुई थी, वह अन्य किसी भी अवतार को नहीं। इस आधार स्तम्भ को खण्डित करना कबीर के लिए सर्वाधिक आवश्यक प्रतीत हुआ। उन्होंने पूरे आत्मविश्वास के साथ यह घोषित किया :

दशरथ सुत तिहु लोक बखाना।
राम नाम का मरम है आना॥

ऐसा लगता है कि गोस्वामी तुलसीदास ने कबीर की इन पंक्तियों को सामने रखकर उसका अनेक प्रकार से, अनेक युक्तियों के माध्यम में खण्डन किया है। रामचरिमानस में पार्वती भी ठीक इसी प्रकार शिव से प्रश्न करती हैं :

राम कवन प्रभु पूछहँ तोही। कहिअ बुझाइ कृपानिधि मोही॥
एक राम अवधेस कुमारा। तिन्ह कर चरित विदित संसारा॥
नारि विरह दुःख लहेउ अपारा। भयउ रोष रन रावन मारा॥
प्रभु सोइ राम की अपर कोउ जाहि जपत त्रिपुरारि॥[45]

इस प्रश्न पर अत्यन्त उत्तेजित हो कर शिव उत्तर देते हैं :

तुम्ह जो कहा राम कोउ आना। जेहि श्रुति गाव धरहिं मुनि ध्याना॥
कहहिं सुनहिं अस अधम नर ग्रसे जे मोह पिचास।
पाखण्डी हरि पद विमुख जानहिं झूठ न सांच॥[46]

पार्वती के साथ ही भरद्वाज, गरुड़ आदि भी इसी प्रकार राम की भगवत्ता पर आशंका करते हैं तथा शिव, याज्ञवल्क्य और कागभुसुण्डि जिसका अनेक युक्तियों से समाधान करते हैं। दशरथ-सुत राम की भगवत्ता को तुलसीदास ने जिस आग्रह के साथ प्रतिष्ठित करने का प्रयास किया है, उसके पीछे निर्गुण सन्तों की भूमिका अत्यन्त महत्त्वपूर्ण है। ब्राह्मण-श्रेष्ठता, वेद और वर्णाश्रम धर्म की मर्यादा तथा दाशरथि राम की भगवत्ता पर ज़ोरदार आक्रमण करने वालों में कबीर और उनका निर्गुण मार्ग सबसे प्रमुख रहा है। इन्हें कलयुगी सन्त कहकर तुलसीदास ने शूद्र योनि और अधम वर्णों में उत्पन्न होने वाला सिद्ध किया है।

वैसे कबीरदास ने अवतारवाद का खण्डन करते हुए सभी अवतारों को झूठा सिद्ध किया है। लेकिन कृष्णावतार और रामावतार पर उन्होंने सर्वाधिक चोटें की हैं। कृष्णावतार के सम्बन्ध में उन्होंने कहा है :

लोका तुम्ह जु कहत हौ नन्द को नन्दन,
नन्द कहौ धूं काको।
धरनि अकास दोऊ नहिं होते,
तब यह नन्द कहां थौ।
× × ×
लख चौरासी जीव-जन्त मैं भ्रमत-भ्रमत नन्द थाकौ।

"ऐ लोगो! जो तुम यह कहते हो कि वह ब्रह्म कृष्णावतार के रूप में नन्द का पुत्र था तो बताओ कि नन्द किसका पुत्र है। वह नन्द तो चौरासी लाख योनियों में जनमते-मरते थक गया है, लेकिन ईश्वर तो जन्म-मरण के बन्धन से मुक्त और अविनाशी है। वे सभी अवतारों का एक साथ खण्डन करते हुए कहते हैं :

ना दशरथ घरि औतरि आवा, ना लंका का राव सतावा॥
दैवै (देवकी) कूष न औतरि आवा। ना जसवै ले गोद खिलावा॥
ना वै ग्वालन के संग फिरिया। गोबरधन ले न कर घरिया॥
बांमन होय नहीं बलि छलिया। धरती बेद लेन उधरिया॥
गंडक सालिगराम न कोला। मछकछ है जलहि नहिं डोला॥
बद्री वैसि ध्यान नहिं लावा। परसराम है खत्री न सतावा॥
द्वारामती सरीर न छाड़ा। जगंनाथ लैप्यंड न गाड़ा॥[47]

इसमें कबीर ने राम और कृष्ण के अवतार और उनकी लीलाओं को झूठा सिद्ध करते हुए वामन, कोल, कच्छप आदि अवतारों को कपोल कल्पना बताते हुए गण्डक, सालिगराम, बद्रीनाथ, द्वारामती, जगन्नाथ आदि की पौराणिक मान्यताओं पर भी व्यंग्य किया। उन्होंने अपने निर्गुण निराकार ब्रह्म को इस प्रकार की विशेषताओं से विभूषित किया है कि उनसे अवतारवाद की पौराणिक मान्यताएँ धूमिल हो गयी हैं। कबीर तथा उनकी परम्परा में पड़ने वाले सन्तों ने निर्गुण-निराकार राम को अवश्य स्वीकार किया है, लेकिन दाशरथि राम और उनसे सम्बद्ध रामकथा तथा रामचरितमानस का उन्होंने ज़ोरदार विरोध किया है।

तुलसी के राम मर्यादा पुरुषोत्तम भी थे और सगुण-साकार ब्रह्म भी। रामचरिमानस में रामावतार और राम की भगवत्ता ही उनका मुख्य प्रतिपाद्य है।

जेहि मँह आदि मध्य अवसाना। प्रभु प्रतिपाद्य राम भगवाना॥

अपने राम के स्वरूप के सम्बन्ध में तुलसीदास की मान्यता इस प्रकार है :

जेहि इमि गावहिं बेद बुध जाहि धरहिं मुनि ध्यान।
सोइ दशरथ सुत भगत हित कोसलपति भगवान॥[48]

मानस के बालकाण्ड में स्वयं शिव विष्णु के अवतार राम के जन्म का कारण बताते हुए कहते हैं :

जब जब होइ धरम कै हानी। बाढ़हि असुर महा अभिमानी॥
करहिं अनीति जाहि नहिं बरनी। सौदहिं विप्र धेनु सुर धरनी॥
तब-तब प्रभु धरि विविध सरीरा। हरहिं कृपा निधि सज्जन पीरा॥
असुर मारि थापहिं सुरन्ह राखहिं निज श्रुति-सेतु।
जग विस्तारहिं बिसद जस राम जन्म कर हेतु॥[49]

इस प्रकार रामावतार या राम-जन्म का प्रथम कारण भक्त, गाय, ब्राह्मण और देवताओं की रक्षा है। यह कार्य अधर्मी दुष्टों के संहार से ही हो सकता है। अतः राम जन्म का दूसरा कारण दुष्टों का संहार है। अवतार ग्रहण करने का तीसरा कारण धर्म की स्थापना (लोक-वेद की मर्यादा की रक्षा) है। तुलसी के राम मर्यादा पुरुषोत्तम हैं। 'वेद' के साथ 'लोक' को स्थान देकर तुलसीदास ने धर्म का समाजीकरण किया है। उनका समाज और धर्म दोनों ही वर्णाश्रम व्यवस्था पर आधारित है।[50]

तुलसीदास द्वारा रामावतार की स्थापना के सम्बन्ध में डॉ. राजदेव सिंह ने लिखा है, "ध्यान से देखा जाए तो 'मानस' में दाशरथि राम से सम्बद्ध सन्देहों की भाषा कबीर आदि सन्तों की भाषा से एकदम मेल खाती है। कई बार तो ऐसा लगता है कि जैसे गोस्वामी जी कबीर को उद्धृत करके उनका खण्डन कर रहे हों।"[51]

तुलसीदास ने रामावतार की प्रतिष्ठा और रामकथा की विश्वसनीयता को बनाए रखने के लिए उनके अंशावतार की भी कल्पना की है। इस सम्बन्ध में राम स्वयं कहते हैं :

असंन्ह सहित मनुज अवतारा। लेइहौं दिनकर बंस उदारा॥[52]

अपने इस रूप में 'मानस' के सभी पात्र विष्णु के ही अंश हैं। सीता आदि शक्ति और लक्ष्मण शेषनाग के अवतार हैं तो भरत विश्व के भरण-पोषण कर्ता और शत्रुघ्न शत्रुहीनता के रूप में आये हैं। इसके साथ ही कौशल्या, दशरथ सभी बन्दर-भालू, रावण परिवार के सभी राक्षस और मानस के छोटे-बड़े अधिकांश पात्र अपने पूर्व जन्म का इतिहास लिए हुए राम के अवतार और उनकी भगवत्ता को उजागर करते हैं। डॉ. लल्लन राय ने तुलसीदास के इस प्रयास के महत्त्व को रेखांकित करते हुए लिखा है कि "तुलसी ने यह विराट आयोजन अपनी प्रतिभा और कुशलता के बल पर इस प्रकार किया है कि सामान्य पाठक या श्रोता को उनके कथन में किसी प्रकार की शंका ही नहीं उत्पन्न होती। उन्होंने राम-कथा के माध्यम से व्यक्ति, परिवार और समाज के लिए एक ठोस मर्यादा की स्थापना की है।"[53] अपने इस कार्य द्वारा तुलसीदास को जो लोकप्रियता प्राप्त हुई वह अन्य किसी भक्त कवि के लिए दुर्लभ रही है।

कबीर और उनके निर्गुण पन्थ के ज़ोरदार प्रयास के बावजूद तुलसीदास ने अवतारवाद और विशेष रूप से रामावतार की पूर्ण प्रतिष्ठा की है। राम-कथा लोगों के बीच उनके अपने सम्बन्धों की कथा बनी। तुलसीदास के बाद कोई ऐसा सन्त-महात्मा पैदा नहीं हुआ जो रामावतार की विश्वसनीय पर प्रश्न चिन्ह लगा सके। यही नहीं, इस अवतारवाद की प्रतिष्ठा के माध्यम से तुलसीदास ने कर्म-फल, पुनर्जन्म और भाग्यवाद की भी प्रतिष्ठा की है, जिस पर आगे विचार किया जाएगा।

5. पुनर्जन्म, कर्मफल एवं भाग्यवाद

भारतीय हिन्दू समाज में पुनर्जन्म और कर्मफल की मान्यता अपना विशिष्ट स्थान रखती है। इस मान्यता ने भारतीय जनता को अधिकांशतः भाग्यवादी बना दिया है। इस भाग्यवाद के कारण ही उसमें अपेक्षाकृत अधिक अकर्मण्यता भी आयी है। ये तीनों सिद्धान्त परस्पर एक दूसरे पर आश्रित हैं। इन तीनों की मान्यता के अनुसार अपने पिछले जीवन में किए गये कर्मों का फल अगले जन्म में भोगना पड़ता है। अगला जन्म पिछले जन्मों के कर्मों का ही फल है। इससे पुनर्जन्म की मान्यता दृढ़ होती है। कर्मफल के बन्धन से मनुष्य मुक्त नहीं हो सकता। यह मान्यता उसे भाग्यवादी बना देती है। इससे स्पष्ट है कि पुनर्जन्म एवं भाग्यवाद का आधार भी कर्मफल का सिद्धान्त ही है।

भारतीय जन-जीवन में कर्मफल के सिद्धान्त की महत्ता पर विचार करते हुए आचार्य हज़ारीप्रसाद द्विवेदी ने लिखा है कि "इस समूचे जन-समूह को एकरूपता देने वाला एक दृष्टिकोण है। वैदिक काल से मुस्लिम काल तक अनेक संगठनों और आघात-प्रत्याघातों के बाद समूचे भारतीय जन-समूह में यह दृष्टि प्रतिष्ठित हुई थी। इसे कर्मफल का सिद्धान्त कहते हैं। कर्मफल का सिद्धान्त भारत की अपनी विशेषता है। पुनर्जन्म का सिद्धान्त खोजने पर अन्यान्य देशों के मनीषियों में पाया जा सकता है, परन्तु यह कर्मफल का सिद्धान्त और कहीं भी नहीं मिलता।"[54] इससे स्पष्ट है कि कर्मफल भारतीय जन-जीवन की अपनी विशेषता है। इसे ब्रह्मा भी नहीं मिटा सकते, जो स्वयं भाग्य-लेख लिखने वाले माने जाते हैं। वे भी कर्मों के अनुरूप ही मानव-मस्तक पर उसके भाग्य को लिपिबद्ध करते हैं। भारतीय जन-जीवन में कर्मफल के इस सिद्धान्त के अत्यन्त घातक प्रभाव की ओर संकेत करते हुए आचार्य हज़ारीप्रसाद द्विवेदी ने 'भारत वर्ष की सांस्कृतिक समस्या' शीर्षक निबन्ध में लिखा है कि "संसार की समस्त जातियों से उन्हें (भारतीयों को) यह सिद्धान्त अलग कर देता है—इसका सुदूर प्रसारी परिणाम समस्त भारतीय समाज को प्रभावित किए हुए है। इसने निश्चित रूप से हिन्दुओं की मनोवृत्ति को इस प्रकार मोड़ दिया है, जिसकी तुलना समस्त संसार में नहीं मिल सकती। हज़ारों वर्ष से भारतीय इतिहास में जो जन्म से ही नीच समझी जाने वाली जातियों में उत्कृष्ट विद्रोह का भाव नहीं आया, वह इसी सिद्धान्त को स्वीकार करने के कारण। प्रत्येक व्यक्ति यह जानता है कि उसके लिए कर्मफल दूर नहीं हो सकता। चाण्डाल अपनी दुर्गति के लिए कर्म की दुहाई देता है। प्रत्येक व्यक्ति अपने-अपने कर्मों के प्रति जवाबदेह है। कोई न तो किसी दूसरे के बदले उसे भोग ही सकता है और न उद्योग करके संचित और प्रारब्ध कर्मों को बदल ही सकता है।—जो कुछ हो रहा है उसका निश्चित कारण है। उसे बदला नहीं जा सकता।"[55] इससे स्पष्ट है कि कर्मफल की मान्यता के आधार पर अनेक सामाजिक विकृतियों को प्रश्रय और बढ़ावा मिला है, जिसमें जाति-पाँत, ऊँच-नीच की भावना को जन्म के साथ जोड़ दिया गया। कबीर आदि सन्तों के लिए यह स्थिति अस्वीकार्य थी।

सिद्ध-नाथ साधकों और निर्गुण सन्तों ने इन सामाजिक विकृतियों का विरोध किया। कबीर ने समाज के सामने धर्म और ईश्वर के नाम पर सभी मनुष्यों की एकता और समानता की भावना पर बल दिया। उन्होंने स्पष्ट शब्दों में कहा कि सभी मनुष्य भगवान के बनाए हुए हैं अतः उस परमपिता की ही सन्तान हैं।

इसीलिए सभी समान हैं। उनमें ऊँच-नीच का भेदभाव करना ईश्वर के प्रति अपराध है। ब्राह्मण-शूद्र सभी को धर्म-कर्म का समान अधिकार है। क्योंकि सबके लिए यही मोक्ष प्राप्ति या आवागमन के बन्धन से मुक्ति का एक मात्र उपाय है। इस सम्बन्ध में कबीर ने स्पष्ट रूप से कहा है :

ज्यूँ राम कहे ते रामैं होई। दुख कलेस घालै सब खोई॥
जन्म के कलविष जाहिं बिलाई। भरम करम का कछु न बसाई॥
भ्रंम क्रंम दोउ बरतै लोई। इनका चरित न जानैं कोई॥
इन दोऊ संसारा भुलावा। इहके लागे ग्यान गंवावा॥
भ्रम क्रम दोऊ मति परिहरिया। झूठें नांउ साच ले धरिया॥
रजनी गत गई रवि परकासा। भ्रंम क्रंम धूं केर बिनासा॥[56]

भक्ति के क्षेत्र में कर्मफल के सिद्धान्त को कबीर ने अस्वीकार किया है। राम की सहज भक्ति से भक्त स्वयं राम हो जाता है। तब उसके दुःख, क्लेश और जन्म-मरण के बन्धन कट जाते हैं। यहाँ कर्म का कोई वश नहीं चलता। कर्मफल के कारण कोई शूद्र या ब्राह्मण होता है, इसे भी कबीरदास ने अस्वीकार किया है। लेकिन तुलसीदास ने कर्मफल, पुनर्जन्म और भाग्यवाद की पुनःप्रतिष्ठा का एक अभियान-सा अपने रामचरिमानस द्वारा चलाया है।

गोस्वामी तुलसीदास ने अपने रामचरितमानस में जिस उत्साह के साथ अवतारवाद की प्रतिष्ठा का विराट आयोजन किया है, ठीक उसी उत्साह के साथ कर्मफल और पुनर्जन्म की मान्यता को भी प्रतिष्ठित करने का प्रयास किया है। यह कार्य उन्होंने बालकाण्ड से ही आरम्भ कर दिया है। "अपने पूर्व जन्म के पाप के कारण परम धर्मनिष्ठ राजा प्रताप भानु सपरिवार रावण और उसके परिवार के अन्यान्य सदस्यों के रूप में जन्म लेता है।"[57] मानस के अधिकांश पात्रों की भी यही स्थिति है। सभी अपने-अपने पूर्व जन्म के कर्मों का फल भोगते हुए दिखाये गए हैं। अयोध्या में राम वनवास के समय दशरथ स्वयं कहते हैं :

सुभ अरू असुभ करम अनुसारी। ईस दइ फल हृदय विचारी॥
करइ जे करम पाव फल सोई। निगम नीति असि कह सब कोई॥[58]

अयोध्याकाण्ड में ही लक्ष्मण निषाद को समझाते हुए कहते हैं कि राम वनवास के लिए कैकेयी या अन्य किसी को दोष देना ठीक नहीं :

काहु न कोउ सुख दुःख कर दाता। निज कृत करम भोग सबु भ्राता॥[59]

रावण जैसा महाप्रतापी राजा जब अपनी भाग्यलिपि को पढ़कर देखता है कि उसकी मृत्यु मनुष्य के हाथ होगी, तो अट्टहास करते हुए कहता है कि ब्रह्मा भी बूढ़ा हो गया है। उसकी बुद्धि जवाब दे गयी है, जिसके कारण ग़लती से उसने ऐसा लिख दिया है। इस भाग्यलिपि को मिटाने में वह सर्वथा असफल होता है। तुलसीदास की दृष्टि से कर्मफल ही मनुष्य का भाग्य होता है, जिसे वह जन्म-जन्मान्तर तक भोगता रहता है। शूद्र योनि में पैदा होने वाला कागभुशुण्डि चौरासी लाख योनियों में भटकता हुआ अन्त में कौवे की योनि में जन्म लेता है। अपने शूद्र जन्म में उसने गुरु का अपमान किया था, जिससे क्रुद्ध हो कर शिव ने उसे शाप दिया था :

जो नहिं दण्ड करौं खल तोरा भ्रष्ट होइ श्रुति मारग मोरा।[60]

शिव के शाप ये वह सहस्त्र योनियों में भटकता हुआ ब्राह्मण योनि में जन्म ले कर लोमस मुनि के पास जाता है। लोमस की निर्गुण उपासना के उपदेश का खण्डन करते हुए सगुण मत की स्थापना में वह हठ की सीमा पार कर जाता है। गुरु के साथ वाद-विवाद के अपराध में लोमस मुनि उसे चाण्डाल पक्षी कौवा होने का शाप देते हैं। कागभुशुण्डि का मुख्य अपराध ब्राह्मण और गुरु का अपमान तथा उनके साथ वाद-विवाद (उत्तर-प्रतिउत्तर) है। उसके शाप को उदार बनाते हुए शिव यह शर्त रखते हैं :

अब जनि करहि विप्र अपमाना। जानेसु संत अनंत समाना॥[61]

इससे स्पष्ट है कि तुलसीदास ने अपने पुनर्जन्म, कर्मफल और भाग्यवाद सम्बन्धी मान्यताओं का उपयोग ब्राह्मण एवं गुरु की श्रेष्ठता स्थापित करने के लिए ही किया है। इसके लिए उन्होंने "द्विज देह को सुर-दुर्लभ चरम-देह" के रूप में स्वीकार किया है।[62] इसके साथ ही उन्होंने अपनी मान्यता को पाप-पुण्य के साथ भी जोड़ा है। रामचरितमानस के अन्त में, बिना किसी विशेष कथा-प्रसंग के पक्षिराज गरुड़ कागभुशुण्डि से सात प्रश्न करते हैं, जिनमें दो प्रश्न इस प्रकार हैं :

कवन पुन्य श्रुति विदित विसाला। कहहु कवन अध परम कराला॥[63]

कागभुशुण्डि इसका उत्तर देते हुए कहते हैं :

परम धर्म श्रुति विदित अहिंसा। पर निन्दा सम अध न गरीसा॥[64]

यहाँ पुण्य को परम धर्म के रूप में स्वीकारते हुए वे परनिन्दा को सबसे बड़ा पाप बताते हैं। और इस पाप के परिणामों को विस्तार से इस प्रकार प्रस्तुत करते है :

हर गुरु निन्दक दादुर होई। जन्म सहस्र पाव तन सोई॥
द्विज निन्दक बहु नरक भोगिकरि। जग जनमइ बायस सरीर धरि॥
सुर श्रति निन्दक जे अभिमानी। रौरव नरक परहिं ते प्रानी॥
होहिं उलूक संत निन्दारत। मोह निसा प्रिय भानु ग्यान गत॥
सबकै निन्दा जे जड़ करहीं। ते चमगादड़ होइ अवतरहीं॥[65]

यहाँ ध्यान देने की बात है कि तुलसीदास के लिए पाप की परिभाषा के अन्तर्गत लूट-खसोट, अत्याचार या अन्य सामाजिक दुराचार आदि विचारणीय नहीं हैं। उन्होंने पाप-कर्म को अपने निहित उद्देश्य की दृष्टि से ही देखा है। इसके साथ कर्मफल और पुनर्जन्म को भी जोड़ दिया है। उनके अनुसार शिव और गुरु की निन्दा करने वाला मेंढक और ब्राह्मण-निन्दक अनेक जन्मों तक नरक भोगते हुए अन्त में कौवा होता है। देव और वेद की निन्दा करने वाला घोर नरक का अधिकारी और सन्तों की निन्दा करने वाला अगले जन्म में उल्लू होता है। जो सबकी निन्दा करता है उसे चमगादड़ का जन्म प्राप्त होता है। इससे स्पष्ट है कि तुलसीदास ने कर्मफल और पुनर्जन्म के सिद्धान्त द्वारा अन्ततः लोकवेद की वर्णाश्रमधर्मी मर्यादा की रक्षा का ही प्रयास किया है। उनकी एतदविषयक मान्यताएँ कबीर की सामाजिक समता की भावना के विरोध में पड़ती हैं। अतः इस दृष्टि से भी हमें कबीर और तुलसी के सामाजिक दृष्टिकोण में स्पष्ट विरोध दिखायी देता है।

सन्दर्भ

1. प्रो. एम. एन. श्रीनिवास : 'आधुनिक भारत में जातिवाद तथा अन्य निबन्ध' से उद्धृत, पृ. 67-68
2. वही, पृ. 68
3. राजदेव सिंह : सन्त-साहित्य की भूमिका, पृ. 48
4. रमेश कुन्तल मेघ : तुलसी–आधुनिक वातायन से, पृ. 9
5. रमेश कुन्तल मेघ : तुलसी–आधुनिक वातायन से, पृ. 4
6. कबीर ग्रन्थ : सं. माताप्रसाद गुप्त, पृ. 71/41
7. हिन्दी साहित्य का इतिहास, सं. नगेन्द्र, पृ. 113
8. दोहावली, पृ. 190/554
9. वही, पृ. 190/553

10. रामचरितमानस (उत्तरकाण्ड), पृ. 582/100 क
11. कवितावली (उत्तरकाण्ड), पृ. 205/84
12. विनयपत्रिका, 230/139
13. दोहावली, पृ. 191/559
14. कवितावली (उत्तरकाण्ड), पृ. 281/177
15. एम. एन. श्रीनिवास : आधुनिक भारत में जातिवाद तथा अन्य निबन्ध, पृ. 67
16. वही, पृ. 68
17. कबीर ग्रन्थावली : सं. श्यामसुन्दर दास, पृ. 76/41
18. कबीर ग्रन्थावली : सं. माताप्रसाद गुप्त, पृ. 71/41
19. कबीर ग्रन्थावली : सं. श्यामसुन्दर दास, पृ. 128/250
20. वही, पृ. 79
21. कवितावली, पृ. 190/555
22. रामचरितमानस : अरण्यकाण्ड, पृ. 383/34
23. रामचरितमानस : सुन्दरकाण्ड, पृ. 444/59
24. रामचरितमानस : उत्तरकाण्ड, पृ. 588/109
25. रामचरितमानस : उत्तरकाण्ड, पृ. 604/128
26. रामचरितमानस : उत्तरकाण्ड, पृ. 588/109
27. के. दामोदरन : भारतीय चिन्ताधारा, पृ. 270
28. राधाकृष्णन : इण्डियन फिलासफी, पृ. 616
29. कवितावली, पृ. 221/106
30. कवितावली, पृ. 222/107
31. हज़ारीप्रसाद द्विवेदी : कबीर, पृ. 353/247
32. वही, पृ. 354/250
33. काज़ी कौन कितेब बख़ाने।
पढ़त-पढ़त केते दिन बीते, गति एकौ नहिं जाने॥
हौं तो तुरक किया कर सुनति औरति सों का कहिए।
अरध शरीरी नारि न छूटे आधा हिन्दू रहिए॥
—कबीर ग्रन्थावली : सं. श्यामसुन्दर दास, पृ. 83/59
34. मुल्लाँ कहा पुकारै दूरि। राम-रहिम रह्या भरि पूरि।
यहु तो अलह गूँगा नाहीं। देखे खलक दुनी दिल माँही।
कहै कबीर यह भुलना झूठा। राम-रहीम सबनि में दीठा।
—कबीर ग्रन्थावली : सं. श्यामसुन्दर दास, पृ. 83/60
35. पण्डित सेती कहि रह्या भीतरि भेघा नाहिं।
औरूं कूँ प्रमोधता गया मुहर का माँहि।
—कबीर ग्रन्थावली : सं. श्यामसुन्दर दास, पृ. 29
36. ब्राह्मण गुर है जगत का साधू का गुर नाहिं।
उरझि-पुरझि करि मरि रह्यो चारिउ खेदा माहिं।
—कबीर ग्रन्थावली : सं. श्यामसुन्दर दास, पृ. 28
37. खूब खांड़ है खीचड़ी मांहि पड़ा टुक लूण।
पेड़ा रोटी खाइ करि गला कटावै कोंण।
—कबीर ग्रन्थावली : सं. श्यामसुन्दर दास, पृ. 33

38. कबीर ग्रन्थावली : सं. माताप्रसाद गुप्त, पृ. 394/5
39. दोहावली, पृ. 38/86-87
40. वही, पृ. 40/94
41. वही, पृ. 48/132
42. रामचरितमानस, पृ. 116/192
43. अरुण प्रकाश मिश्र : तुलसी का मानवतावाद, पृ. 74-75 से उद्धृत
44. राजदेव सिंह : सन्त साहित्य की भूमिका, पृ. 30
45. रामचरितमानस, बालकाण्ड, पृ. 44/46
46. वही, पृ. 78/114
47. कबीर ग्रन्थावली : सं. माता प्रसाद गुप्त, पृ. 397/10
48. रामचरितमानस, बालकाण्ड, पृ. 82/121
49. वही
50. लल्लन राय : तुलसी की साहित्य-साधना, पृ. 51
51. राजदेवसिंह : सन्त-साहित्य की भूमिका, पृ. 26
52. रामचरितमानस (बालकाण्ड), पृ. 113/187
53. लल्लन राय : तुलसी की साहित्य-साधना, पृ. 54
54. हज़ारीप्रसाद द्विवेदी : अशोक के फूल, पृ. 62-63
55. हज़ारीप्रसाद द्विवेदी : अशोक के फूल, पृ. 62
56. कबीर ग्रन्थावली : सं. माताप्रसाद गुप्त, पृ. 392/2
57. रामचरितमानस : बालकाण्ड, पृ. 106-8/173-75
58. रामचरितमानस : अयोध्याकाण्ड, पृ. 239/77
59. रामचरितमानस : बालकाण्ड, पृ. 246/92
60. रामचरितमानस : उत्तरकाण्ड, पृ. 586/107
61. वही, पृ. 588/109 क
62. वही, पृ. 588/110 क
63. वही, पृ. 598/121
64. रामचरितमानस : उत्तरकाण्ड, पृ. 599/121
65. वही, पृ. 599-600/121

अध्याय-3

कबीर तथा तुलसी की सामाजिक दृष्टि की प्रासंगिकता

1. कबीर और तुलसी के युग-सन्दर्भ में

प्रासंगिकता के प्रश्न पर प्रायः वर्तमान सन्दर्भों को ही ध्यान में रखकर विचार किया जाता है। लेकिन कबीर जैसे युगद्रष्टा और क्रान्तिकारी कवि-विचारक तथा तुलसी जैसे महान कलाकार-चिन्तक की प्रासंगिकता पर विचार करते हुए उनके युगीन सामाजिक-धार्मिक सन्दर्भों पर भी ध्यान रखना आवश्यक है। क्योंकि उनकी वैचारिकता का ठोस आधार वे सन्दर्भ ही हैं। दोनों ही कवि सामन्ती समाज-व्यवस्था की देन हैं, जिसका आर्थिक आधार भूमि-व्यवस्था और ग्रामीण अर्थतन्त्र था, तो वैचारिक आधार वर्णाश्रम व्यवस्था। इन दोनों व्यवस्थाओं में जाति-पाँत, ऊँच-नीच और छुआछूत की भावना को सामाजिक स्वीकृति प्राप्त थी, जिस पर कबीर ने जमकर प्रहार किया था। अपने इस रूप में कबीरदास उत्तर भारत की निर्गुण भक्ति-आन्दोलन से पुरस्कर्ता ही नहीं, वरन शोषित, उत्पीड़ित, दलित जातियों से सम्बद्ध बहुसंख्यक समुदाय के प्रतिनिधि भी थे।

भक्तिकाल में निर्गुण-मत के विरुद्ध सगुण-मत का संघर्ष निम्न वर्गों के विरुद्ध उच्चवंशीय कुलीन वर्ग का संघर्ष भी था। निर्गुण-सगुण के माध्यम से तत्कालीन व्यवस्था की दो परस्पर विरोधी सामाजिक-सांस्कृतिक शक्तियों की टकराहट प्रकट हुई है, जिनमें प्रथम के सर्वश्रेष्ठ प्रतिनिधि कबीरदास और दूसरी के तुलसीदास माने जा सकते हैं। इस ऐतिहासिक विकास-प्रक्रिया के द्वन्द्व को ध्यान में रखकर ही कबीर तथा तुलसी की तदयुगीन प्रासंगिकता को सही ढंग

से रेखांकित किया जा सकता है। यहाँ इस तथ्य को स्पष्ट रूप से जान लेना ज़रूरी है कि मध्यकालीन भक्ति-आन्दोलन में निर्गुण-सगुण का संघर्ष मात्र दो धर्म-मतों या दो उपासना पद्धतियों का संघर्ष न हो कर कालान्तर में परस्पर दो विरोधी वर्ग-हितों और वर्गीय अभिरुचियों का सामाजिक संघर्ष भी बन गया था।

प्रासंगिकता-अप्रासंगिकता का सम्बन्ध किसी युग विशेष की प्रगतिशील चेतना के साथ जुड़ा हुआ होता है, उस चेतना के साथ जो सामाजिक विकास के मार्ग को प्रशस्त करती है या उसे सही दिशा प्रदान करती है। इस दृष्टि से कबीर तथा तुलसी का समाज मुख्यतः दो वर्ग-समुदायों में विभक्त था। एक ओर मुट्ठी-भर राजों-महाराजों और उनके क्रिया-कलापों से जुड़े हुए लोगों का वर्ग था, तो दूसरी ओर किसान-मज़दूर और उनसे जुड़े हुए कारीगरों और तमाम सारी पेशेवर निम्न जातियों का विशाल जन-समुदाय था। इनमें पहला वर्ग-समुदाय जिनमें राजन्य वर्ग के साथ पण्डे-पुरोहितों का ब्राह्मण समुदाय भी आ जाता है, जो भौतिक-आर्थिक उत्पादन से पूरी तरह कटकर उपभोक्ता मात्र रह गया था। दूसरा समुदाय भौतिक-आर्थिक उत्पादन से पूरी तरह जुड़ा रहने के बावजूद भौतिक-आध्यात्मिक दोनों ही सुख-सुविधाओं से वंचित था। इस बहुसंख्यक वंचित वर्ग के सामाजिक-आर्थिक विकास पर ही समाज का वास्तविक विकास निर्भर करता है। सामाजिक उत्पादन में अपनी प्रमुख भूमिका के कारण यही वर्ग प्रगतिशील था, अतः इसके विकासं या इसकी उद्धार योजना में सहयोग देने वाला कवि ही प्रगतिशीलता का वाहक बनकर अधिक प्रासंगिक होता है। अति उपेक्षित जुलाहा जाति में उत्पन्न कबीर इस उत्पादक वर्ग-समुदाय से सम्बद्ध थे और उसकी बेहतरी के लिए प्रयत्नशील थे।

कबीर के विपरीत ब्राह्मण वंश में उत्पन्न तुलसीदास उपभोक्ता वर्ग की वर्णाश्रमधर्मी चेतना से जुड़े हुए थे। वैसे तुलसीदास भी आम जनता की सामाजिक-धार्मिक मुक्ति के पक्षपाती थे। लेकिन उनकी मुक्ति सम्बन्धी धारणा उपभोक्ता वर्ग के धार्मिक-सामाजिक संस्कारों से मर्यादित थी। इसलिए उनका मूल आधार उत्पादक वर्ग का वह विशाल जन-समुदाय न था, जो शोषित-उत्पीड़ित एवं विकास के धार्मिक-सामाजिक तथा सांस्कृतिक अधिकारों से भी वंचित था। यह सही है कि ग़रीबी, भूख एवं भौतिक सुख-सुविधाओं के अभावों का जो अनुभव तुलसी के पास था, वह कबीर के पास नहीं था। कबीर माँगकर खाने वालों में से न हो कर स्वयं कमाकर खाने वालों और दूसरों को देने वालों में से थे। अपने सम्बन्ध में तुलसीदास ने स्वयं लिखा है :

जायो कुल मंगन, बधावनो-बजाओ सुनि,
भयो परिताप पाप जननी जनक को।
बारे तें ललात बिललात द्वार-द्वार दीन,
जानत हौं चरिफल चारि ही चनक कों॥[1]
जाति के कुजाति के सुजाति के पेटागिबस,
खाए टूक सबके बिदित बात दुनि सो।[2]
मांगि कै खैबो मसीत को सोइबो,
लैबे को एक न दैबे को दोऊ।[3]
चाकरी न आकरी न खेती न बनिज, भीख,
जानत न कूर कछु किसब कबारू है।[4]

इससे स्पष्ट है कि दरिद्रता, भूख और सभी प्रकार के भौतिक अभावों का तुलसी ने व्यक्तिगत स्तर पर गहराई से अनुभव किया था लेकिन इसे उन्होंने अपने पूर्व जन्मों के कर्म का फल मान लिया था। उन्हें इस बात का गर्व भी था कि :

भलि भारत, भूमि भले कुल जन्म,
समाज सरीर भलो लहि कै।[5]

कुलीनता की यह भावना ही तुलसीदास पर अधिकांशतः हावी रही है। फलस्वरूप वर्णाश्रमधर्मी कुलीन समाज की मर्यादा के अनुशासन में ही वे आम जनता के उद्धार-उपायों के विषय में सोच सके हैं। यह कुलीन सामन्ती-समुदाय अपनी रूढ़िप्रियता और पुनरुत्थानवादिता के कारण निश्चय ही अगतिशील था, प्रगतिशील नहीं। अतः अपने युग के लिए भी तुलसीदास बहुत प्रासंगिक नहीं माने जा सकते।

तुलसीदास के विपरीत कबीरदास ने शोषित-उत्पीड़ित एवं उपेक्षित विशाल जन-समुदाय का पक्ष ले कर वर्णाश्रमधर्मी व्यवस्था की कुलीनता की भावना पर करारी चोट करते हुए कहा :

तू बामन बमनि का जाया, तो आन बाट ह्वै कहे न आया।[6]

इस प्रकार कबीर ने कुलीनतावादी भावधारा को एक कारगर चुनौती दी। यही नहीं, वरन उन्होंने व्यक्तिगत रूप से ब्राह्मण-वर्चस्व को इस प्रकार ललकारा :

तू बामन मैं काशी का जुलाहा,
चिह्नि न मोर गियाना।[7]

इसे व्यक्तिगत राग-द्वेष से प्रेरित ब्राह्मण-विरोध नहीं कहा जा सकता। कबीरदास ब्राह्मणवाद के विरोधी थे। यह विरोध सामाजिक-धार्मिक समता के उद्देश्य से प्रेरित था। इस उद्देश्य की पूर्ति के लिए उन्होंने इस्लाम धर्म के पीर-औलिया, काज़ी-मुल्ला और रोज़ा-नमाज़ की कृत्रिमता को भी उद्घाटित किया है। इसके माध्यम से उन्होंने राम और रहीम की एकता स्थापित कर हिन्दू-मुस्लिम एकता पर बल दिया है। अपने युग के सन्दर्भ में यह कार्य अत्यन्त प्रगतिशील होने के कारण प्रासंगिक भी है।

यहाँ यह ध्यान में रखने की बात है कि निर्गुण काव्यधारा के कबीर से ले कर रैदास, दादू, सेन, पीपा, मलूकदास आदि अधिकांश सन्त कवि सद्गृहस्थ थे। वे बुनकर, मोची, नाई, दर्ज़ी, धुनिया, क़साई आदि के अपने पेशेवर व्यवसाय से पूरी तरह जुड़े हुए थे। एक तरफ़ वर्णाश्रमवादी व्यवस्था इन पेशों को ही इन जातियों का धर्म बताती थी और इसी में उनका उद्धार सिद्ध करती थी, तो दूसरी ओर इन्हें निम्न और हीन मानकर उपेक्षा की दृष्टि से देखती थी। पेशों के आधार पर स्तर भेद को चिरस्थायी बना देने की मान्यता पर आघात करते हुए आचार्य हज़ारीप्रसाद द्विवेदी ने लिखा है—"पेशा धर्म तभी कहा जा सकता है, जब उस में व्यक्तिगत लाभ-हानि की अपेक्षा सामाजिक-मंगल का भाव प्रधान हो।... निस्सन्देह बहुत से ऐसे पेशे हैं जिनमें व्यक्तिगत लाभ की अपेक्षा सामाजिक मंगल का ही भाव अधिक है। गन्दगी साफ़ करने का पेशा, श्मशान में शव-संस्कार करने का पेशा और हल जोतने का कार्य समाज के मंगल के लिए बहुत ज़रूरी है। निस्सन्देह इनके करने वालों में त्याग भी बहुत है, परन्तु जिस त्याग से गौरव की अनुभूति नहीं होती, वह धर्म नहीं कहा जा सकता। मेहतर अगर अपने पेशे से गौरव अनुभव करता है तो वह धार्मिक है, परन्तु वह लाचारी से या जड़तावश अपनी वंश-वृत्ति को येन-केन प्रकारेण पालन किया जाता है और अवसर पाने पर उससे भागने का प्रयत्न करता है तो उसमें धर्म-बुद्धि नहीं है।...एक तरफ़ तो जाति-व्यवस्था ने पेशों को धर्म के साथ सम्बद्ध किया और दूसरी तरफ़ विभिन्न पेशों के सम्मान में भी ऊँच-नीच की व्यवस्था बाँध दी गयी।"[8] इस अनर्थ को अपने युग में कबीर ने समझा और इसके विरुद्ध कठोर संघर्ष भी किया। अतः अपने युगीन सन्दर्भों की दृष्टि से वे अधिक प्रासंगिक हैं।

कबीर और अन्यान्य निर्गुण-पन्थियों के विपरीत अधिकांश सगुण भक्त गृहस्थ जीवन का परित्याग कर भक्ति के क्षेत्र में आये थे। तुलसीदास ने अपने गृहस्थ जीवन का परित्याग किया था। अतः उनकी सामाजिक-सांस्कृतिक चेतना उत्पादक वर्ग से प्रायः विच्छिन्न थी। जिस राम-भक्ति को उन्होंने अपने लिए चुना था, उसे अपनाने वाला एक भी शूद्र या मुसलमान भक्त नहीं हुआ। वेद-शास्त्रानुमोदित और वर्णाश्रम की पौराणिक मान्यता पर आधारित उस भक्ति-शाखा में निम्न वर्णों के लिए कोई अवकाश ही नहीं था। यद्यपि तुलसीदास ने भी समाज-मंगल और आम जनता के उद्धार का ही उद्देश्य अपने सामने रखा है तथापि सगुण और निर्गुण मतावलम्बियों की जनता की मुक्ति से सम्बन्धित धारणाएँ परस्पर भिन्न ही नहीं, वरन एक-दूसरे के विरोध में पड़ती हैं।

कबीरदास ने अपने युग की सामाजिक विसंगतियों पर ज़ोरदार प्रहार किया है। उस युग की अधिकांश विकृतियों का आधार वर्णाश्रम धर्म की मान्यता थी। इसके कारण अनेक सामाजिक कुरीतियों, धार्मिक पाखण्डों, अन्धविश्वासों, जातिवाद, छुआछूत, ऊँच-नीच आदि जैसी अगतिशील भावनाओं को बढ़ावा मिल रहा था। समाज का एक विशाल जन-समुदाय वर्ण एवं जाति के आधार पर अत्यन्त तिरष्कृत और अमानवीय जीवन जीने के लिए विवश कर दिया गया था। इन सबके विरुद्ध कबीर ने साधारण निरीह जनता का पक्ष ले कर संघर्ष किया। इसके साथ ही उन्होंने इस व्यवस्था के बाह्याधार शास्त्र और शास्त्रीय-पौराणिक कर्म-काण्ड पर भी जमकर आघात किया। वेद, पुराण, स्मृति आदि की शास्त्रीय मान्यताओं की आड़ में जिस वर्णवादी मर्यादा और झूठे कर्मकाण्डों को लोक-जीवन पर जबरन थोपा जा रहा था, उसे कबीर ने केवल अस्वीकार ही नहीं किया, वरन उसका ज़ोरदार विरोध करते हुए कहा कि :

तू कहता कागद की लेखी,
मैं कहता आँखिन की देखी।

इसके माध्यम से कबीर ने संध्या, गायत्री, व्रत, तीर्थ, छापा-तिलक, पूजा, अर्चना आदि धर्म के तमाम सारे बाह्य विधानों की निरर्थकता का भण्डाफोड़ किया है। इस प्रकार उन्होंने तत्कालीन कुलीनतावादी आडम्बरों का खण्डन करते हुए परम्परागत मान्यताओं के सम्मुख एक गम्भीर चुनौती प्रस्तुत की है। उच्च एवं कुलीन समुदाय की भाँति ही तुलसीदास भी कबीर की शास्त्र एवं वर्णाश्रम-विरोधी कटुक्तियों से बौखलाए थे। उन्होंने 'शाखी-शब्दी' कहने वाले कबीर और दोहों

में प्रेमाख्यान प्रस्तुत करने वाले जायसी आदि सूफ़ियों को भी काफ़ी भला-बुरा कहा। जिस प्रकार वेद-पुराण की निन्दा वे सहन नहीं कर सकते थे, ठीक उसी प्रकार शूद्र उच्च आसन पर बैठकर पुराण पढ़ें, लोगों को उपदेश दें या यज्ञोपवीत धारण कर लोगों से दान लें, ये सब तुलसी के लिए असह्य था। गोस्वामीजी की ब्राह्मणवादी चेतना इस सीमा तक शूद्र-विरोधी बन जाती है कि वे उसे पशुवत प्रतारणा का अधिकारी बताते हुए एक क्रूर और विकृत आदर्श प्रस्तुत कर बैठते हैं :

सापत ताड़त परुष कहंता। बिप्र पूज्य अस गावहिं संता॥
पूजिय बिप्र सील गुन हीना। सूद्र न गुन-गन ग्यान प्रवीना॥[9]

कबन्ध को यह उपदेश तुलसी के मर्यादा पुरुषोत्तम राम ने दिया है। इसमें किसी प्रकार सन्देह नहीं कि तुलसी की ब्राह्मण-चेतना शूद्र को गँवार, अभागा और कुजाति मानती है। लेकिन उनके मानवीय गुणों को भी इस प्रकार नज़रअन्दाज़ कर देना अत्यन्त अमानवीय है।

यह सही है कि तुलसी यह कार्य लोक-कल्याण को ध्यान में रखकर कर रहे थे। उनकी दृष्टि में वर्णाश्रम धर्म एक सामाजिक धर्म था, जिसकी सुदृढ़ व्यवस्था के बिना लोकमंगल सम्भव ही नहीं था। लेकिन कबीरदास की दृष्टि से सामाजिक विषमता का सबसे बड़ा कारण वर्णाश्रम व्यवस्था थी। हिन्दू समाज धर्म की आड़ में इसका उपयोग कर अपना उल्लू सीधा कर रहा था। दूसरी ओर वर्णाश्रम विहीन इस्लाम अपनी धार्मिक कट्टरता के कारण जनता के उत्पीड़न का मार्ग प्रशस्त कर रहा था। ये दोनों धर्म-सम्प्रदाय भारतीय समाज और लोक-जीवन के अभिन्न अंग थे। इनके मेल-मिलाप से ही समाज-व्यवस्था सुचारु रूप से चल सकती थी। अतः इन दोनों की एकता पर ध्यान देना युग की माँग थी, जिसे कबीर ने पूरा करने का यथाशक्ति प्रयास किया। उन्होंने इन दोनों का एक राह पर चलने का उपदेश दिया है। दोनों द्वारा अपनी संकीर्णता और कट्टरता को छोड़कर ही यह सम्भव था। अतः कबीर ने दोनों की त्रुटियों को रेखांकित किया है :

हमारै राम रहीम करीमां केसो, अलह राम सति सोई।
बिसमिल मेटि बिसंभर एकै, और न दूजा कोई॥
इनके काजी मुलाँ पीर पैकंबर, रोज़ा पछिम निवाजा।
इनके पूरब दिसा देव दिसि पूजा, ग्यारसि गंग दिवाजा॥
तुरक मसीति देहुरै हिन्दू, दहूं ठां राम खुदाई।

जहां मसीति देहुरा नाहीं, तहां काकी ठकुराई॥
हिन्दू तुरुक दोऊ रह तूटी, फूटी अरु कनरायी।
अरध उरध दसौं दिसि जित-तित पूरी रह्या रामरायी॥
कहै कबीर दास फकीरा, अपनी रह चलि भाई।
हिन्दू तुरुक का करता एकै, ता गति लखी न जाई॥[10]

कबीरदास ने राम-रहीम, करीम-केशव, अल्लाह-विश्वम्भर की एकता को पूरी तरह स्वीकार किया है। "काज़ी-मुल्ला, पीर, पैगम्बर तथा पश्चिम की ओर मुख करके नमाज़ पढ़ने और पूर्व की ओर मुँह करके संध्या, देवता और द्विज पूजा, एकादशी, गंगास्नान, दीपार्चन को उन्होंने निरर्थक ठहराया है। इन्हीं से दोनों सम्प्रदायों में मतभेद उत्पन्न होता है। मुसलमान मस्जिद में और हिन्दू मन्दिर में भगवान का अस्तित्व स्वीकार करते हैं। लेकिन जहाँ मन्दिर-मस्जिद नहीं है, वहाँ किसका राज्य है? हिन्दू-मुसलमान दोनों की राहें टूटी-फूटी और दरार से पूर्ण हैं। ऊपर-नीचे दसों दिशाओं में सर्वत्र राजा राम व्याप्त हैं। तुम दोनों अपनी राह अर्थात आत्मा की राह पर चलो। हिन्दू और मुसलमान दोनों का कर्ता यदि एक है तो उसे पाने का मार्ग दो कैसे हो सकता है।"

राम और रहीम की एकता के माध्यम से कबीरदास हिन्दुओं और मुसलमानों की सामाजिक एकता तथा मनुष्य मात्र की समानता पर बल दे रहे थे। काज़ी-मुल्ला, पीर-औलिया और पण्डे-पुरोहितों के चंगुल से दोनों को निकालकर ही उनकी एकता स्थापित की जा सकती थी। कबीर की यह विचारधारा दोनों सम्प्रदायों के उपेक्षित-पददलित लोगों में फैली। इनमें आत्मविश्वास और गौरव का भाव जागा। आगे चलकर इनके अपने सन्त-महात्मा और कवि-कलाकार सामने आये। समाज के सम्पन्न एवं कुलीन सत्ताधारी समुदाय को यह सब अच्छा नहीं लगा। फलस्वरूप निर्गुण मत के विरुद्ध सगुण मत का उदय हुआ। एक लम्बे और कठोर संघर्ष के बाद सगुण मत की विजय हुई, जिसका सर्वाधिक श्रेय गोस्वामी तुलसीदास को है। उन्होंने अवतारवाद, कर्मफल, पुनःर्जन्म, भाग्यवाद आदि के सहारे पौराणिक वर्ण-व्यवस्था की पुनःप्रतिष्ठा का शंखनाद किया।

सगुण मत का सहारा लेते हुए तुलसीदास ने रामचरितमानस, कवितावली, दोहावली, विनयपत्रिका आदि रचनाओं में कलि-वर्णन के माध्यम से अपने युगीन समाज की विस्तृत आलोचना प्रस्तुत की है। अपनी इस आलोचना में उन्होंने मनुष्य मात्र की समानता पर आधारित कबीर और उनके निर्गुण पन्थ द्वारा स्वीकृत आदर्शों

का खण्डन किया। इसके साथ ही उन्होंने अपने अधिकारों के लिए सिर उठा रही साधारण जनता को, प्रजा के रूप में पाखण्डी और पापी कहकर दुत्कारा है। उसे अपनी मर्यादा में रहने का उपदेश दिया। उसके सामने उन्होंने गुह-निषाद, कोल-किरात और अन्यान्य जंगली जातियों के साथ ही शबरी, गणिका, गीध, अजामिल आदि के आदर्श प्रस्तुत किए।

प्रजा के साथ ही तुलसीदास ने राज-समाज की भी निन्दा की। उसे क्रूर, छली, कपटी और नीति-विहीन ठहराया। लेकिन यह सब उन्होंने वर्णाश्रमवादी सामन्ती सामाजिक दृष्टि के अनुशासन में रहकर ही किया है। उनके समय में 'महामहिपाल' के रूप में अकबर और जहाँगीर तो थे ही, तथाकथित निम्न जातियों में से कई ने ऊपर उठकर राज-सत्ता की स्थापना की थी।[11] इन सबसे तुलसीदास पर्याप्त चिन्तित थे। लेकिन इसका कारण उन्होंने वर्णाश्रम धर्म का लोप और प्रजा का पाप बताया।[12] इस सारी अराजकता का दोष प्रजा के भाग्य पर डालते हुए तुलसीदास ने कहा है :

माली भानु किसानु श्रम नीति निपुन नरपाल।
प्रजा भागबस होंहिगे कबहुं-कबहुं कलिकाल॥[13]

तुलसीदास की यह भाग्यवादिता अपनी सामाजिक दुर्दशा से मुक्ति पाने के लिए प्रजा को सिर उठाने का अधिकार नहीं देती। इसे कलिकाल का प्रभाव बताते हुए उन्होंने लिखा है :

राज-समाज-कुसाज कोटि कटु कलपित कलुष कुचाल नयी है।
आश्रम-बरन-धरम बिरहित जग लोग-बेद मरजाद गयी है
प्रजा चतित पाखण्ड पापरत अपने अपने रंग रयी है।[14]

यहाँ तुलसीदास ने सामाजिक दुर्दशा का एक व्यापक चित्र प्रस्तुत किया है, जिसमें ''ब्राह्मण-समुदाय, राज-समाज और प्रजा के मध्य एक अराजक स्थिति उत्पन्न हो गयी है। आचार-विचार, परस्पर प्रेम और विश्वास समाप्त हो चुका है। शान्ति, सत्य, अच्छे रीति-रिवाजों का स्थान छल-कपट और कुरीतियों ने ले लिया है। सज्जन दुःखी है और सज्जनता चिन्तित, दुष्ट मौज कर रहे हैं और दुष्टता उल्लासित हो रही है। कामधेनु रूपी पृथ्वी क़साई रूपी कलियुग के कुटिल पंजों में दबोची जा कर इस प्रकार व्याकुल है कि उसमें जो कुछ बोया जाता है, वह जमता ही नहीं।''[15] इस प्रकार तुलसीदास ने समाज-स्थिति का विश्लेषण

करते हुए सामाजिक दुर्दशा का अत्यन्त हृदय-विदारक चित्र प्रस्तुत किया है। लेकिन इन सारी स्थितियों को वे एक कुलीन और सम्पन्न शासक वर्ग की दृष्टि से ही देख पाते हैं, ग़रीब और शोषित निम्न वर्ग की दृष्टि से नहीं। उन्हें समाज, धर्म, राजनीति आदि सभी क्षेत्रों में व्याप्त अराजकता के कारण एक सच्चे सन्त-महात्मा के रूप में गहरा दुःख अवश्य होता है, लेकिन सबसे अधिक दुःख इस बात का है कि अपने पूर्व जन्म के कर्मों को भूलकर ग़रीब और निम्न जातियों के लोग विद्रोह क्यों कर रहे हैं तथा सम्पन्न शासक वर्ग के लोग अपने शुभ कर्मों की मर्यादा को भूलकर प्रजा पर अत्याचार क्यों कर रहे हैं। इन सभी समस्याओं के समाधान के लिए उनके पास एक अचूक रामवाण है, परम्परागत वर्णाश्रम धर्म की मर्यादा का पालन। अतः तत्कालीन समाज व्यवस्था की सामन्ती ब्राह्मण-चेतना उनके साहित्य में मनोवैज्ञानिक स्तर पर प्रकट हुई है, जो उनके स्वयं की सामाजिक स्थिति को रेखांकित करती है।

तुलसी के विपरीत कबीर की निजी सामाजिक स्थिति का वास्तविक स्रोत ग़रीब और निम्न वर्गीय जातियों का समुदाय है। इसलिए वे इस वर्ग की दृष्टि से ही धर्म और समाज को देख सकने में समर्थ हुए हैं। निर्गुण-सगुण के ऐतिहासिक, संघर्ष में कबीर के निर्गुण-पन्थ की पराजय हुई। लेकिन इस जय-पराजय के आधार पर दोनों के सही या ग़लत होने का निर्णय नहीं किया जा सकता। युगीन प्रासंगिकता की कसौटी पर खरा उतरने के बावजूद कोई पक्ष पराजित हो सकता है। निर्गुण पन्थ की प्रासंगिकता इस बात में है कि उसने देश की बहुसंख्यक शोषित उत्पीड़ित जनता के पक्ष का समर्थन किया और उसके संघर्ष को आगे बढ़ाया। इस प्रकार उसने प्रगतिशील शक्तियों का साथ दिया। कबीर ने अपने साहित्य के माध्यम से यह सिद्ध कर दिया कि जो कवि-कलाकार ख़ुद को बहुसंख्यक जनता के कष्टों, उनके वास्तविक हितों से जोड़ पाता है, वही श्रेष्ठ और प्रासंगिक साहित्य की रचना कर पाता है। इस दृष्टि से उन्होंने अपने युग की परम्परागत व्यवस्था में एक कारगर हस्तक्षेप किया।

यह कार्य तुलसीदास ने भी अपने साहित्य के माध्यम से किया है। लेकिन एक भिन्न वर्गीय मनोभूमि से सम्पन्न, उच्च एवं संस्कारशील समुदाय की मनोभूमि से। अतः दोनों ही कवियों ने अपने युग के सामाजिक-सांस्कृतिक संघर्ष में पूरी निष्ठा के साथ हिस्सेदारी की है, अपने युग के वर्ग-संघर्ष में भाग लिया है। इस रूप में दोनों ने व्यापक सुधार की चेष्टा भी की है। इस दृष्टि से कबीर ने परम्परागत ढाँचे में एक व्यापक परिवर्तन की आवश्यकता पर ज़ोर दिया है, जो दलित-उत्पीड़ित

विशाल जन-समूह के पक्ष में जाता है। जबकि तुलसी ने परम्परागत ढाँचे में बिना किसी परिवर्तन के कुछ सुधार-संशोधन द्वारा उसे अधिक मानवीय बनाने का प्रयास किया है, जो सम्पन्न एवं सम्भ्रान्त समुदाय के पक्ष की ओर अधिक उन्मुख है। इसमें कौन अधिक प्रगतिशील और प्रासंगिक है, इसे वर्तमान युग में दोनों की प्रासंगिकता पर विचार करके आसानी से समझा जा सकता है।

2. वर्तमान युग के सन्दर्भ में

वर्तमान सामाजिक-सांस्कृतिक सन्दर्भों में कबीर एवं तुलसी की प्रासंगिकता पर विचार करते हुए उनके युगीन समाजेतिहासिक सन्दर्भों के साथ ही हमें वर्तमान मूल्यों तथा जीवनादर्शों को भी ध्यान में रखना होगा। इसके साथ ही युग की अपेक्षाओं-आवश्यकताओं की पूर्ति और सामाजिक जीवन की बेहतरी के लिए चल रहे संघर्षों को भी ध्यान में रखना होगा। इस दृष्टि से देखें तो हमारी सांस्कृतिक परम्परा में से आज हमारे लिए केवल वे ही भाव या विचार प्रासंगिक हैं, जो हमारे वर्तमान जीवन के आदर्शों तथा मूल्यों के विकास-प्रसार में सक्रिय योग देने में समर्थ हैं। आज के युग में कबीर का रहस्यवाद, इड़ा, पिंगला, सुषुम्ना अनहदनाद आदि पारिभाषिक शब्दावली और इनके माध्यम से उपस्थित भावधारा हमारे लिए अप्रासंगिक हैं। उसी तरह तुलसीदास की वर्णाश्रमवादी और ब्राह्मण वर्चस्व वाली धार्मिक-सामाजिक दृष्टि आज के लिए अप्रासंगिक है।

आज के सन्दर्भ में कबीर और तुलसी के साहित्य की प्रासंगिकता पर विचार करते हुए यह भी देखना होगा कि उन दोनों का साहित्य किन सामाजिक वास्तविकताओं से उत्पन्न हुआ है, अर्थात् किन सामाजिक-सांस्कृतिक शक्तियों ने अपने को उसमें प्रकट किया है? दोनों के आग्रह-अनुरोध क्या हैं? संक्षेप में यह कि दोनों के साहित्य के प्रभाव क्या हैं! इस प्रभाव के सन्दर्भ में देखें तो तुलसीदास चाहे जितने बड़े कवि-कलाकार हों, कबीर की तुलना में उन्हें पुरातनवादी ही कहा जाएगा। कबीर को हम अधिक आधुनिक और अपने नजदीक पाएँगे। क्योंकि तुलसीदास की वर्णाश्रमवादी सामाजिकता की अपेक्षा कबीर की जनवादी सामाजिकता आज के लिए अधिक प्रासंगिक है।

साहित्य के प्रभाव-विश्लेषण के सम्बन्ध में डॉ. लल्लन राय ने लिखा है कि "आज की प्रासंगिकता के सन्दर्भ में यह प्रश्न और अधिक महत्त्वपूर्ण बन जाता है। तुलसीदास अपने युग के बहुत ही जागरूक और अत्यन्त प्रभावशाली कविचिन्तक रहे हैं। सरल-सम्प्रेषण और लोक-गम्यता की दृष्टि से हिन्दी काव्य

जगत में उनकी समकक्षता में किसी दूसरे कवि को नहीं रखा जा सकता। अपनी इस प्रभावोत्पादकता के कारण उन्हें जनवादी कवि तक की संज्ञा दी गयी है। लेकिन प्रासंगिकता के सन्दर्भ में यह ध्यान रखने की बात है कि किसी रचना की व्यापक प्रभावोत्पादन-क्षमता और उसकी कलात्मक गुणवत्ता कोई ऐसी कसौटी नहीं है, जिसके आधार पर उसमें प्रकट कवि-दृष्टि का औचित्य सिद्ध किया जा सके।"[16] इससे स्पष्ट है कि किसी साहित्य के प्रभाव-विश्लेषण का अर्थ उसकी प्रभावोत्पादकता का विश्लेषण नहीं है।

प्रभाव की दृष्टि से हमें कबीर और तुलसीदास के मानवीय आग्रहों और अनुरोधों को देखना पड़ेगा। ये ही वे तत्त्व हैं, जिनसे पता लग सकता है कि सामाजिक विकास की गति को किसने गति दी है या किस सीमा तक उसमें अवरोध उत्पन्न किया है? कबीर और तुलसी के साहित्य का सामाजिक विकास की यात्रा में किन सामाजिक-सांस्कृतिक शक्तियों ने उपयोग या दुरुपयोग किया है? किसका कितना उपयोग हुआ है और किस सीमा तक दुरुपयोग? यदि दुरुपयोग अधिक हुआ है तो उनकी रचना के अन्दर और रचना से बाहर क्या कारण रहे हैं? शोषित-उत्पीड़ित बहुसंख्यक समुदाय के किन मानसिक तत्त्वों को किसने कितना विकसित या नष्ट किया है? आज किन सामाजिक-सांस्कृतिक शक्तियों को कौन कितना दृढ़ या कमजोर कर रहा है?

इन प्रश्नों की दृष्टि से देखें तो कबीरदास ने वर्ण-व्यवस्था का विरोध करते हुए, जाति-पाँत, ऊँच-नीच, छुआछूत की भावना का निषेध करते हुए, मानव मात्र की समानता का जो सन्देश दिया था, वह आज भी प्रासंगिक है। मूर्ति-पूजा यज्ञ-हवन, रोज़ा-नमाज़, मन्दिर-मस्जिद, तीर्थ-व्रत आदि के माध्यम से जिन सामाजिक विषमताओं को हवा मिल रही थी, कबीर ने उनका खण्डन किया था। आज के साम्प्रदायिक तनाव के विरुद्ध सामाजिक सद्भावना की ज़रूरत को देखते हुए इस पर बहुत सावधानी से विचार करने की आवश्यकता है। जातीय आधार पर हरिजन-दहन, हिन्दू-मुसलिम, हिन्दू-सिख आदि के बीच साम्प्रदायिक दंगे, बावरी मस्जिद-राम जन्मभूमि जैसे साम्प्रदायिक विवाद इतना भीषण रूप लेते जा रहे हैं कि इनसे देश की जनतान्त्रिक व्यवस्था खतरे में पड़ गयी है। ये विवाद साधारण जनता की सामाजिक मुक्ति के आड़े तो आ ही रहे हैं, इनसे राष्ट्र की अखण्डता को भी खतरा पैदा हो गया है। इन परिस्थितियों में कबीर-साहित्य के सन्देश अधिक प्रासंगिक बन गये हैं। स्वाधीनता प्राप्ति के बाद हमारे देश के नेताओं ने जनमत के दबाव के कारण अपने गणतान्त्रिक संविधान में कानून के सम्मुख

सबकी समानता को मौलिक अधिकार के रूप में जो गारण्टी दी है, उसके लिए कबीर ने छः-सात सौ वर्ष पहले ज़ोरदार संघर्ष किया था। लिंग, जाति, धर्म, वर्ण आदि का भेदभाव किए बिना कानून के सम्मुख सबकी समानता संवैधानिक दृष्टि से अवश्य सुरक्षित कर दी गयी है, लेकिन अब तक वह व्यवहार में दिखायी नहीं देती। इसके लिए अब धार्मिक संघर्ष के स्थान पर राजनीतिक संघर्ष आवश्यक है। इस संघर्ष में भी कबीर के सन्देश हमारे लिए महत्त्वपूर्ण प्रेरक शक्ति बन सकते हैं। इसलिए वे आज भी प्रासंगिक हैं।

कबीर के विपरीत तुलसीदास ने सामाजिक सुव्यवस्था और समाज की बेहतरी के लिए जो विराट योजना दी थी, उसमें से अधिकांश चीज़ें अप्रासंगिक हो चुकी हैं। ''नारी और शूद्र आज मात्र प्रतारणा'' के अधिकारी नहीं रह गये हैं। तथाकथित शूद्र गुणवान और प्रतिभाशाली होने पर देश का राष्ट्रपति और प्रधानमन्त्री बनकर सारी जनता का पूज्य बन सकता है। गुणविहीन और चरित्र भ्रष्ट ब्राह्मण आज किसी भी स्थिति में पूज्य नहीं बन सकता। वर्णाश्रम धर्म की पुनः प्रतिष्ठा और वेद, पुराण, स्मृतियों के आदेशों के पालन से ही समाजव्यापी अराजकता दूर होगी, यह मान्यता आज नितान्त असंगत और अप्रासंगिक बन गयी है। तुलसी का मर्यादावाद महात्मा गाँधी के लिए रामराज्य की कल्पना का प्रेरक अवश्य बना, लेकिन राजनीति के क्षेत्र में उसने ''राम राज्य परिषद'' के रूप में ही अपने को प्रकट किया। देश की वर्तमान स्थिति के सन्दर्भ में इस मर्यादावाद के राजनीतिक आशय को आसानी से समझा जा सकता है। अपनी चहुँमुखी असफलता के कारण शासन-सत्ता की यह शिकायत लगातार बढ़ती जा रही है कि जनता में अनुशासन नहीं रहा है, व्यवस्था और कानून की स्थिति शोचनीय होती जा रही है। अर्थात् सर्वत्र मर्यादा का उल्लंघन हो रहा है। इस मर्यादा-व्यवस्था की आड़ में साधारण लोगों के न्यायोचित अधिकारों पर अंकुश लगाया जा रहा है। इस मर्यादा को अभी कुछ ही समय पहले 'आपात् काल' के रूप में 'अनुशासन पर्व' की संज्ञा दी गयी थी। एक भिन्न युग में तुलसीदास की मर्यादावादी मान्यताओं के पीछे भी यही आशय निहित था।

तुलसीदास की प्रासंगिकता का आधार उनके द्वारा निर्मित राम के चरित्र की वास्तविक मनुष्यता है। अपने अतिशय उदार क्षणों में तुलसीदास राम के चरित्र में जिस मनुष्यता का समावेश करते हैं, वह आज भी हमें प्रभावित करती है। इस महान राम के चरित्र की छाया में रहकर हम अपने को अधिक उदार, नैतिक और महान बना सकते हैं। यह राम हमारी संस्कृति की ठोस विरासत हैं, जिसके लिए सम्पूर्ण भारतीय जनता को, आने वाले युगों में भी, तुलसीदास के सम्मुख

नतमस्तक होना पड़ेगा। आज के सन्दर्भ में राम की यही प्रासंगिकता भी है। कबन्ध को ब्राह्मण वर्चस्व और शूद्र की हेयता का उपदेश देने वाले तथा मन्दिर की मर्यादा भंग करने वाले शूद्र की गर्दन उतारने के लिए दौड़ पड़ने वाले राम हमारे लिए अप्रासंगिक हैं।

प्रासंगिकता और सार्थकता को साथ रखकर देखा जाए तो कबीर की महानता इस बात में है कि उन्होंने भारत की बहुसंख्यक शोषित-उत्पीड़ित जनता की मुक्ति के संघर्ष को आगे बढ़ाया, उसमें सक्रिय भागीदार बनकर। उन्होंने अपने साहित्य के माध्यम से यह सिद्ध कर दिया कि जो व्यक्ति स्वयं को बहुसंख्यक जनता के हितों से, अपने समय के वर्ग-संघर्ष को जोड़ता है, वही श्रेष्ठ साहित्य की रचना कर सकता है। उन्होंने यह भी साबित कर दिया कि कवि और जनता के बीच फासले के अनुपात में ही कला का स्तर निर्धारित होता है। इसी आधार पर निरक्षर और लेखनी के कौशल से वंचित कबीर आज तुलसी जैसे महान विद्वान और प्रतिभाशाली कलाकार की श्रेणी में प्रतिष्ठित ही नहीं हैं वरन प्रासंगिकता की दृष्टि से उनसे आगे निकल गये हैं। वस्तुतः कलाकार की वांछनीयता मात्र उसके कलाकार होने में नहीं, वरन वास्तविक जीवन की मनुष्यता के कारण होती है। इस मनुष्यता की दृष्टि से कबीर बहुत बड़े हैं। जबकि तुलसीदास ने ऐतिहासिक विकास-क्रम में अधिकांशतः पुराण-पन्थियों के ही हाथ मजबूत किए हैं। लेकिन यह नहीं कहा जा सकता कि आगे भी ऐसा ही होता रहेगा। इतिहास के प्रति एक सही और वैज्ञानिक रुख अपना कर तुलसीदास को एक प्रेरक स्तम्भ के रूप में स्थापित किया जा सकता है। इस वास्तविकता पर आगे विचार किया जाएगा।

3. कबीर और तुलसी का सामाजिक-सांस्कृतिक प्रदेय

एक संस्कृतिकर्मी के रूप में कबीर और तुलसी की तुलना करते समय इतिहास के प्रति एक वैज्ञानिक दृष्टि अपनाकर ही हम उनके साथ समुचित न्याय कर सकते हैं। कबीरदास अपनी समस्त परिवर्तनकारी आकांक्षाओं और क्रान्तिकारिता के बावजूद तत्कालीन स्थापित व्यवस्था के लिए कोई व्यावहारिक विकल्प नहीं प्रस्तुत कर पाए। युगीन सामाजिक-आर्थिक परिस्थितियों में यह सम्भव भी नहीं था। इसके विपरीत तुलसीदास ने अपनी समस्त अगतिशीलता के बावजूद तत्कालीन लड़खड़ाती समाज-व्यवस्था को शास्त्र एवं पुराण-सम्मत सिद्ध करते हुए उसे लोक-मर्यादा के रूप में प्रतिष्ठित करने का सफल प्रयास किया। इस प्रक्रिया में उन्होंने भारतीय संस्कृति के परम्परागत आदर्शों का शोधन करते हुए उसे लोक-जीवन

में आचरण के अनुकूल बनाने का भी प्रयास किया। इसके लिए उन्होंने राम के रूप में एक ऐसा भव्य और व्यावहारिक चरित्र प्रस्तुत किया जो सामाजिक जीवन के सभी क्षेत्रों को अपने आलोक से प्रकाशित कर देता है। परिवार में पति-पत्नी, माता-पिता, पुत्र, भाई-भाई और पुरजन-परिजन के रूप में पूरा गाँव-शहर, समाज में ब्राह्मण (वसिष्ठ) से ले कर शूद्र (गुह-निषाद, कोल-किरात), स्वामी (राम), सेवक हनुमान और प्रजा के रूप में राम-राज्य की समस्त प्रजा के माध्यम से तुलसीदास ने एक ऐसा विराट आयोजन किया है, जो तत्कालीन सामन्ती सामाजिक सम्बन्धों को अधिक मानवीय, रागात्मक, नैतिक और उदार बनाने की क्षमता रखता है। परिवार, पुरजन-परिजन तथा सामाजिक जीवन के अधिकांश क्षेत्रों में विकसित बहुत सारे सामन्ती मूल्य-मान आज भी हमारे लिए महत्त्वपूर्ण हैं। आज के व्यापक अमानवीकरण के सन्दर्भ में तो उनकी उपयोगिता और भी बढ़ गयी है।

आचार्य रामचन्द्र शुक्ल ने सामाजिक-सांस्कृतिक क्षेत्र में तुलसीदास के अवदान के श्रेय का केन्द्र उनके द्वारा परिकल्पित सगुण-साकार राम को स्वीकार कियां है। इस सम्बन्ध में उनकी मान्यता है कि ''राम ही का मुँह देख हिन्दू जनता का इतना बड़ा भाग अपने धर्म और जाति के घेरे में पड़ा रहा।...विदेशी कच्चा रंग एक चढ़ा एक छूटा, पर भीतर जो पक्का रंग था वह बना रहा। हमने चौड़ी मोहरी का पायजामा पहना, 'आदाब अर्ज' किया, पर राम-राम न छोड़ा। अब कोट-पतलून पहनकर बाहर 'डैम नॉन्सेन्स' कहते हैं, पर घर में आते ही फिर वही 'राम-राम'। शीरीं-फ़रहाद और हातिमताई के क़िस्से के सामने कर्ण, युधिष्ठिर, नल, दमयन्ती सबको भूल गये थे, पर राम-चर्चा कुछ करते रहे।..इसी एक नाम के अवलम्ब से हिन्दू जांति के लिए अपने प्राचीन स्वरूप, अपने प्राचीन गौरव के स्मरण की सम्भावना बनी रही।...आज जो हम बहुत से 'भारतीय हृदयों' को चीर कर देखते हैं तो वे अभारतीय निकलते हैं, पर एक इसी कवि-केसरी को भारतीय सभ्यता, भारतीय रीति-नीति की रक्षा के लिए सबके हृदय-द्वार पर अड़ा देखकर हम निराश होने से बच जाते हैं।''[17]

आचार्य शुक्ल की उपर्युक्त मान्यता के पीछे उनकी जातिवादी हिन्दू दृष्टि का आभास मिल सकता है। लेकिन तटस्थ भाव से ऐतिहासिक परिप्रेक्ष्य में रखकर उस पर विचार किया जाए तो आचार्य शुक्ल के वास्तविक आशय के साथ ही तुलसीदास के सांस्कृतिक योगदान का महत्त्व भी स्पष्ट हो जाएगा। यहाँ आचार्य शुक्ल ने हिन्दू जीवन, हिन्दू धर्म, हिन्दू जाति शब्द का प्रयोग भारतवर्ष की अपनी जातीय (राष्ट्रीय) विशेषताओं को ध्यान में रखकर किया है। इस भारत की संस्कृति का निर्माण बौद्ध, जैन, ग्रीक, शक, कृषाण और अन्ततः इस्लाम जैसी अनेक

संस्कृतियों के घात-प्रतिघात से हुआ है। 'प्राचीन गौरव के स्मरण' से शुक्ल जी का आशय प्राचीन सांस्कृतिक विरासत के स्मरण से है। इतिहास के सामाजिक विकास की धारा में सभ्यता आरम्भ से ही एक ऐसी सामाजिक शक्ति रही है, जो इसकी जातीय और सांस्कृतिक एकता को सुरक्षित रखती आयी है। इस सम्बन्ध में अपनी जिज्ञासा प्रकट करते हुए ई. एम. एस. नम्बूदिरिपाद ने लिखा है : "वह कौन सी ताक़त थी जिसने जातियों में बँटे इस समाज के उन प्रभुत्वशाली समूहों को अन्दर से बौद्धमत और जैनमत के प्रहारों से और बाहर से आने वाले इस्लाम के हमलों से बचाकर जीवन दिया, जिन्होंने मध्य युग के हिन्दू समाज में अपनी स्थिति सुदृढ़ कर ली थी और जो मुस्लिम शासकों के साथ-साथ देश की राजनीतिक तथा प्रशासनिक ज़िन्दगी में उसे हिस्सेदारी प्रदान कराई जबकि ऊँची जातियाँ हिन्दुओं के सांस्कृतिक जीवन पर हावी रहीं।"[18] वस्तुतः इसका श्रेय तत्कालीन ग्रामाश्रित उत्पादन प्रणाली को था, जिसका संचालन आत्मनिर्भर ग्राम इकाइयों की पंचायतों द्वारा होता था। वर्ण-जाति-व्यवस्था की आड़ में बने वर्ग समाज और उसकी संस्कृति की रक्षा के दृढ़ गढ़ भी ये गाँव ही थे। निर्गुण मतावलम्बी कबीर के सुधारवाद ने इस गढ़ का किंचित भेदन ज़रूर किया, लेकिन उसका एक अदना-सा अंग बनकर फिर उसी में समाहित भी हो गया।

निर्गुण और सगुण के विवाद को रेखांकित करते हुए मुक्तिबोध ने लिखा है कि कृष्ण भक्ति द्वारा सगुण भक्ति की स्थापना के बाद उत्तर भारत में वर्णाश्रम धर्म की पुनः स्थापना का कार्य सुगम हो गया था, "तुलसीदास के अदम्य व्यक्तित्व ने इस कार्य को पूरा कर दिया। इस प्रकार भक्ति आन्दोलन, जिस पर आरम्भ में निम्न जातियों का सर्वाधिक ज़ोर था, उस पर अब ब्राह्मणवाद पूरी तरह छा गया और सुधारवाद के विरुद्ध पुराण मतवाद की विजय हुई। इसमें दिल्ली के आस-पास के क्षेत्र तथा उत्तर प्रदेश के हिन्दू-मुस्लिम सामन्ती तत्त्व एक थे। यद्यपि हिन्दू मुसलमानों के अधीन थे, किन्तु दुःख और खेद से ही क्यों न सही, यह विवशता उन्होंने स्वीकार कर ली। इन हिन्दू सामन्त तत्त्वों की संस्कृति के क्षेत्र में अब पूरी विजय हो गयी थी।"[19] गोस्वामी तुलसीदास ने एक संस्कृतिकर्मी के रूप में ही अपने युग की एक वर्गीय आकांक्षा को प्रतिबिम्बित किया है। इस प्रतिबिम्बन में उन्होंने स्थान-स्थान पर अपनी उन्नत मनुष्यता का परिचय दिया है। इस दृष्टि से तुलसीदास ने सामन्ती समाज की विचलित मूल्य-व्यवस्था को भी स्थान-स्थान पर रेखांकित किया है। अतः तुलसी जैसे एक बड़े कवि-कलाकार का मूल्यांकन करते हुए हमें ई. एम. एस. नम्बूदिरिपाद की इस स्थापना को ध्यान में रखना ज़रूरी है कि "प्रत्येक लेखक

और कलाकार जो जनता और उनकी आकांक्षाओं के प्रति सच्चा है, शोषण पर आधारित मौजूदा व्यवस्था के विरुद्ध विद्रोह भी अवश्य करता है, चाहे यह विद्रोह अपने विस्तार में कितना ही छोटा क्यों न हो। अतएव साहित्य एवं कला की सभी महत्त्वपूर्ण रचनाओं के सर्जकों में यथास्थितिवाद और मौजूदा पतनशील व्यवस्था के विरुद्ध विद्रोह का मिश्रण अवश्य होता है।''[20]

इस दृष्टि से विचार किया जाए तो कबीरादि निर्गुण भक्तों में तत्कालीन सामन्तवाद विरोधी तत्त्व सर्वाधिक थे, लेकिन उनके पास किसी वैकल्पिक समाज-व्यवस्था का स्पष्ट आदर्श नहीं था। इसके विपरीत तुलसीदास समाज-व्यवस्था के तत्कालीन स्वरूप को बिना बदले उसे व्यापक सुधार और संशोधन द्वारा अधिक नैतिक और मानवीय बनाने के पक्षपाती थे। इस प्रक्रिया में उन्होंने भारतीय संस्कृति की समस्त उपलब्धियों का पुनराख्यान करते हुए तत्कालीन सामाजिक ढाँचे को अधिक मानवीय बनाने का प्रयास भी किया है। परिणामस्वरूप भारत की निजी पहचान, उसकी अपनी अस्मिता की रक्षा में तुलसीदास का महत्त्वपूर्ण योगदान स्वीकार करना पड़ेगा। जहाँ तक जातिवाद और ब्राह्मण वर्चस्व की स्वीकृति का प्रश्न है, उनके सामने इसके अतिरिक्त कोई दूसरा सम्भव विकल्प भी नहीं था। परम्परा से चले आ रहे गाँवों की सामुदायिक व्यवस्था पर आधारित सामन्ती ढाँचा अपरिवर्तनीय था। धार्मिक और सांस्कृतिक दृष्टि से एक भिन्न सम्प्रदाय की इस्लाम मतावलम्बी जनता भी इस ग्राम समाज का एक अभिन्न अंग बन चुकी थी। उसे इस ग्राम-व्यवस्था ने एक गैर हिन्दू सम्प्रदाय से एक गैर हिन्दू जाति के रूप में अपने अन्दर समाहित कर लिया था। वह बुनकर, धुनिया, दर्ज़ी, नाई, मोची, चुड़िहारा आदि पेशेवर जाति में तब्दील हो गयी थी। हिन्दू तथा मुसलमानों के बीच आपसी सद्भाव की आधारशिला के रूप में गाँवों की सामुदायिक जीवन-व्यवस्था पर आधारित एक सांझा सामाजिक-सांस्कृतिक जीवन-पद्धति का विकास हुआ, जो सभी ग्रामवासियों की सामान्य धरोहर बनी। वर्ण-जाति व्यवस्था पर आधारित इस ग्राम-समाज में हर व्यक्ति एक निश्चित पेशे से जुड़ा हुआ एक निश्चित जाति का सदस्य था और प्रत्येक जाति को इस व्यवस्था में एक निश्चित स्थान प्राप्त था। इस तरह के सामाजिक-आर्थिक संरचनात्मक ढाँचे का तत्कालीन सामन्ती व्यवस्था में टूटना सम्भव नहीं था। यह कार्य केवल पूँजीवादी उत्पादन प्रणाली द्वारा ही सम्भव था। अतः तत्कालीन परिवेश में तुलसीदास की पुनरुत्थानवादी दृष्टि एक सामन्तकालीन मानवतावादी दृष्टि थी, जो सुधार की भावना से परिचालित थी। इसके माध्यम से उन्होंने मध्यकालीन सांस्कृतिक ह्रास को रोकने का सराहनीय प्रयास किया था।

गोस्वामी तुलसीदास की सबसे बड़ी शक्ति रही है उनकी व्यापक लोकप्रियता। यह लोकप्रियता उनके धर्म और नीति सम्बन्धी उपदेशों या भक्ति तथा अध्यात्म की गहन चर्चा के कारण उतनी नहीं है, जितनी कि लोकजीवन और लोक-संस्कृति की गहरी पैठ में निहित है। अपने व्यापक अध्ययन और लोक मनोविज्ञान की गहरी पकड़ के कारण वे उत्तर भारत के एक विशाल जन समुदाय के लिए कवि, भक्त और धर्मोपदेशक की अपेक्षा सामाजिक आचार संहिता के निर्माता के रूप में अधिक स्वीकृत हुए हैं। कबीर आदि सन्तों की तुलना में उनकी दृष्टि का प्रसार जीवन के नाना क्षेत्रों में अधिक दिखायी देता है। इसके विपरीत कबीरादि सन्तों के यहाँ अपनी हीन सामाजिक स्थिति से उत्पन्न आक्रोश है, विद्रोह है तथा अपने लिए अधिक मानवोचित जीवन की माँग और उसकी पूर्ति के लिए अनुकूल सामाजिक स्थिति की स्थापना की आकांक्षा मात्र है। यहाँ सामाजिक समता के लिए प्रखर दलीलें हैं, समझौताविहीन आग्रह हैं। लेकिन संघर्ष की क्षमता से युक्त परिवर्तनकारी नयी शक्तियों के अभाव में ये दलीलें, ये तर्क, ये आग्रह सही होते हुए भी फलदायक नहीं हो सकते थे। जबकि अपनी बहुत सारी प्रतिगामी स्थापनाओं के बावजूद तुलसीदास अत्यन्त उदारवादी के रूप में लोकप्रिय हुए। तुलसीदास की लोकप्रियता के प्रमुख कारणों को डॉ. शिवकुमार मिश्र ने इस प्रकार रेखांकित किया है : "उनकी लोकप्रियता यूँ ही आ गयी चीज़ नहीं है, जनता के बीच उनकी प्रतिष्ठा का आधार महज़ जनता का पिछड़ापन और उसकी मध्यकालीन मानसिकता ही नहीं है। कहीं-न-कहीं, किसी-न-किसी स्तर पर तुलसीदास इस जनता के मन-प्राणों को गहराई से छूते हैं, कहीं गहरे जा कर उसे ऐसी परितृप्ति देते हैं, जो न तो उनके युग का कोई दूसरा दे सका था और न बाद के युगों का कोई भी रचनाकार जनता का इतना प्यार पा सका।...सुख-दुख के क्षणों में, दैनन्दिन जीवन के नाना प्रसंगों में साधारण जन की वाणी से तुलसी की पंक्तियाँ यूँ ही नहीं फूट पड़तीं। तुलसी ने कहीं गहरे धँस कर उसको जो समझा है, गुना है, यह उसी का प्रतिफल है।"[21] लेकिन यहाँ यह ध्यान में रखने की बात है कि जिन्हें डॉ. मिश्र ने 'जनता' या 'साधारण जन' कहा है, उनमें भारत का अति निम्न जन समुदाय, जिसे शूद्र माना जाता है, वह नहीं आता।

यद्यपि गोस्वामी तुलसीदास की लोकप्रियता का प्रमुख स्तम्भ रामचरितमानस ही है, फिर भी उनके सांस्कृतिक प्रदेय का मूल्यांकन समस्त रचनाओं के आधार पर ही सम्भव है। 'मानस' के साथ ही विनयपत्रिका, कवितावली, गीतावली, दोहावली आदि उनकी प्रमुख रचनाओं के अवसरानुकूल पर्याप्त उदाहरण इस पुस्तक

में दिए जा चुके हैं। लेकिन सामाजिक सरोकारों से युक्त एक संस्कृतिकर्मी के रूप में तुलसीदास ने उत्तम रचनाओं के अतिरिक्त कुछ मंगल काव्यों की भी रचना की है, जिनमें जानकी मंगल, पार्वती मंगल और रामलला-नहछू जैसी अपेक्षाकृत छोटी रचनाएँ आती हैं। इन रचनाओं में विवाहादि सामाजिक मंगल के अवसरों को चित्रण द्वारा कवि ने लोक-संस्कृति और ग्राम-समाज की मनोहर झाँकी प्रस्तुत की है। यहाँ एक बहुत छोटी और प्रायः उपेक्षित रचना 'रामलला-नहछू' पर विचार कर लेना मुझे अधिक समीचीन प्रतीत होता है।

'नहछू' विवाह के लिए बारात चलने से पूर्व का एक विवाह-कर्म है, जिसमें दूल्हे को स्नान कराने के बाद उसके नाखून काटे और रंगे जाते हैं। तुलसीदास ने इस अवसर पर जो ग्राम-समाज उपस्थित किया है, वह चित्रकूट के राम और भरत-मिलन के भारतीय समाज से बिलकुल भिन्न है। यहाँ पूरे राम परिवार के साथ गाँव की सब पेशेवर जातियों की स्त्रियाँ एकत्र हैं। इनमें मंगल गीत गाने वाली युवतियों के साथ ही विवाह के अवसर पर अपने 'नेग-जोग' लेने वाली मोचिन, ग्वालिन, मालिन, लोहारिन, बरइन (तम्बोलिन), दर्ज़िन, नाइन, वारिन आदि सभी मौजूद हैं। तुलसीदास ने इनके जातिगत शील, और रंग-रूप को अत्यन्त भाव-विभोर हो कर चित्रित किया है :

मोचिन बदन संकोचिन हीरा मागन हो।
पनहि लिए कर सोभित सुन्दर आँगन हो॥
अहिरिनि हाथ दहेड़ि सगुन लेइ आवइ हो।
उनरत जोबन देखिं नृपति मनभावहि हो॥
बतिया सुधर मलिनियां सुन्दर गातहि हो।
कनक रतन भरे मौर लिहे मुसकातहि हो॥
नैन विसाल नउनियां भौं चमकावहि हो।
देइ गारि रनिवासहिं प्रमुदित गावइ हो॥

यहाँ एक ओर अपने आप में सिमटती हुई संकुचिवदना अछूत जाति की मोचिन है तो दूसरी ओर मुसकराती हुई लोहारिन, राजा दशरथ तक को अपनी ओर आकृष्ट करने वाली उन्मत्त यौवना अहिरिन, बातों में रिझाने वाली मालिन, कटाक्ष-चपल सुन्दर तम्बोलिन, सब रसों की खान क्षीण-कटि वारिन आदि के साथ ही सबसे अधिक ऊधम मचाने वाली विशालनेत्रा नाइन भी है, जो सभी गाँव के निचले स्तर की होती हुई भी अछूत नहीं है। ये सभी रनिवास के साथ ही राम को लगाकर गाली गाती हैं :

काहे राम जिव सांवर लछिमन गोर हो।
कीदहु रानी कौसिलहिं परिगा भोर हो॥
राम अहहिं दशरथ कै लछिमन आनक हो।
भरत शत्रुहन भाई तो श्री रघुनायक हो॥
गावहिं सब रनिवास देहिं प्रभु गारी हो।
रामलला सकुचाहिं देखि महतारी हो॥

यहाँ राम, लक्ष्मण, कौशल्या, दशरथ आदि को नितान्त लौकिक स्तर पर उतारकर तुलसीदास ने उन्हें लोकजीवन में प्रतिष्ठित किया है। जनजीवन और लोक-संस्कृति का यह नमूना सामुदायिक ग्राम-व्यवस्था का एक अभिन्न और सजीव अंग है। विवाह, पर्व-त्योहार आदि अनेक मांगलिक अवसरों पर एकत्र हो कर यह समाज अपनी एकता के साथ ही परस्पर निर्भरता का भी परिचय देता है। जाति-वर्ण पर आश्रित इस ग्राम-समाज को ही तुलसीदास ने तत्कालीन समाज-व्यवस्था का आधार स्तम्भ स्वीकार किया है। अपने मंगल काव्यों के माध्यम से उन्होंने राम के साथ ही समूचे राम-परिवार को हिन्दू घरों की चहारदीवारी में प्रविष्ट कराया है। पता नहीं कि तुलसी से पूर्व राम से सम्बद्ध गीत विवाहादि मांगलिक अवसरों पर गाये जाते रहे हैं या नहीं, लेकिन उनके बाद राम पुत्र जन्म, विवाहादि अवसरों के गीतों के प्रमुख नायक के रूप में स्वीकार हुए हैं। राम के साथ ही दशरथ, जनक, सीता, कौशल्या, लक्ष्मण, भरत, शत्रुघ्न, मिथिला, अयोध्या आदि इन मांगलिक गीतों के अंग बन गये।

सब मिलाकर गोस्वामी तुलसीदास ने परम्परागत प्राचीन भारतीय संस्कृति के अन्तर्गत मध्य काल में क्षीण होती हुई मानवीय समझ को विकसित करने और उदार बनाने का सफल प्रयास किया है। उनके समूचे प्रयास में तद्‌युगीन ह्रास-शील सामाजिकता के उद्धार की उत्कट कामना व्यक्त हुई है। इस प्रक्रिया में उन्होंने अपनी पुनरुत्थानवादी दृष्टि को सुधारवाद की चेतना के साथ समन्वित किया है। कबीरादि की तरह वे परिवर्तन की चेतना से अनुप्राणित न हो कर समाज के मौजूदा ढाँचे के अन्दर ही सुधार को सम्भव मानते थे। इसके लिए उन्होंने राम-रावण, सज्जन-दुर्जन, नैतिक-अनैतिक, अच्छाई-बुराई का एक मानदण्ड प्रस्तुत करते हुए 'संग्रह-त्याग' की समझ बनाने का प्रयास भी किया है। यह सही है कि उनके सारे प्रयास जाति-वर्ण विभाजित समाज के दायरे में आबद्ध हैं। लेकिन अपने युगीन सामाजिक अन्तर्विरोधों की सीमाओं में बँधते-उबरते हुए उन्होंने उस काल के टूटते-बिखरते मानवी रिश्तों के फिर से जुड़ने की सम्भावना को रेखांकित किया है। एक संस्कृतिकर्मी के रूप में उनका यह प्रयास वन्दनीय है।

सन्दर्भ

1. कवितावली : उत्तरकाण्ड, पृ. 195/73
2. कवितावली : उत्तरकाण्ड, पृ. 194/72
3. वही, पृ. 221/106
4. वही, पृ. 190/67
5. वही, पृ. 163/33
6. कबीर ग्रन्थावली : सं. माताप्रसाद गुप्त, पृ. 171/41
7. कबीर ग्रन्थावली : श्यामसुन्दर दास, पृ. 128/250
8. हज़ारीप्रसाद द्विवेदी : अशोक के फूल, पृ. 63
9. रामचरितमानस : उत्तरकाण्ड, पृ. 582/100क
10. कबीर ग्रन्थावली : सं. माताप्रसाद गुप्त, पृ. 180/58
11. गोड़ गवार नृपाल महि जमन महामहिपाल
साम न दाम न भेद कलि केवल दण्ड कराल ॥
—दोहावली, पृ. 191/559
12. आश्रम बरन कलि बिवस बिकल भये,
निज-निज मरजाद मोटरी सी डार दी।
कवितावली : उत्तरकाण्ड, पृ. 287/183
13. दोहावली, पृ. 174/507
14. विनयपत्रिका, पृ. 230/139
15. वही, पृ. 230/139-40
16. लल्लन राय : तुलसी की साहित्य-साधना, पृ. 159-60
17. आचार्य रामचन्द्र शुक्ल : गोस्वामी तुलसीदास, पृ. 31-32
18. ई. एम. एस. नम्बूदिरिपाद : कला, साहित्य और संस्कृति, पृ. 95
19. मुक्तिबोध रचनावली, भाग-5, पृ. 95
20. ई. एम. एस. नम्बूदिरिपाद : कला, साहित्य और संस्कृति, पृ. 123
21. डॉ. शिवकुमार मिश्र : भक्ति काव्य और लोक जीवन, पृ. 102

उपसंहार

प्रस्तुत लघु शोध-प्रबन्ध में कबीर और तुलसी की सामाजिक दृष्टि की तुलना बहुत ही संक्षेप में की गयी है। वैसे इन दोनों कवियों के समाज-दर्शन पर अलग-अलग अनेक महत्त्वपूर्ण ग्रन्थ लिखे गये हैं। लेकिन मुझे ऐसा लगा कि जब तक दोनों कवियों को आमने-सामने रखकर उनकी सामाजिक दृष्टि की परख नहीं की जाती, तब तक उनके महत्त्व का सही मूल्यांकन सम्भव नहीं है। इस आवश्यकता को ध्यान में रखकर यह लघु शोध-प्रबन्ध तैयार किया गया है।

दोनों कवियों के साहित्य से प्राप्त एतद्विषयक तथ्यों के विवेचन-विश्लेषण से ऐसा लगता है कि इनकी जड़ें अपने युगीन समाज के साथ मज़बूती से जुड़ी हुई हैं। अपने युग की जिन दो विरोधी सामाजिक-सांस्कृतिक या वर्गीय शक्तियों का इन कवियों ने प्रतिनिधित्व किया है, उनके प्रति ये पूरी तरह समर्पित हैं। यह समर्पण भाव ही इनके साहित्य की मूल शक्ति है। इस तथ्य को भी प्रस्तुत अध्ययन में रेखांकित करने का प्रयास किया गया है।

कबीरदास ने अपने युग कें सामन्ती-सामाजिक सम्बन्धों की अधिकांश बाह्याचार व्यवस्था और नैतिक मूल्यमानों के प्रति गहरा आक्रोश प्रकट किया है। हिन्दी साहित्य में पहली बार एक ऐसा कवि हमारे सामने आया है, जिसने परम्परागत मर्यादा को चुनौती दी है। स्थापित व्यवस्था का विरोध करते हुए उसने एक नयी आचार-व्यवस्था का आग्रह किया है। ''यह न करो, यह करो'', ''ऐसा नहीं होना चाहिए'', ''यह होना चाहिए''—इस प्रकार का हस्तक्षेपी व्यक्तित्व हमें अपने समूचे साहित्य में कम ही मिलेगा। अपने लेखन और चिन्तन के दौरान कबीर और उनका निर्गुण पन्थ तुलसीदास के सामने एक बहुत बड़ी चुनौती रहा है। चाहे अवतारवाद की प्रतिष्ठा का प्रश्न हो या वर्णाश्रम धर्म की पुनर्स्थापना का, चाहे निर्गुण के खण्डन का प्रश्न हो या सगुण के मण्डन का, चाहे ब्राह्मण-वर्चस्व की स्थापना

का प्रश्न हो या शूद्र-निन्दा का, तुलसीदास के सम्मुख सर्वत्र कबीर चुनौती बने रहे हैं। इस तथ्य को भी प्रस्तुत प्रबन्ध में रेखांकित करने का प्रयास किया गया है।

कबीर तुलसी का द्वन्द्व निर्गुण-सगुण का ही द्वन्द्व न हो कर अपने युग का सामाजिक-सांस्कृतिक द्वन्द्व भी था, जो अपने अन्तिम निहितार्थ में दो विरोधी वर्गों का द्वन्द्व था। फलस्वरूप कबीर ने सामाजिक-धार्मिक दृष्टि से जिन-जिन बातों का खण्डन किया है, तुलसी ने उनका समर्थन किया है। और जिन-जिन बातों का कबीर ने समर्थन किया है अधिकांशतः तुलसी ने उनका खण्डन किया है। इस प्रकार दोनों ही दो पक्ष, परस्पर विरोधी पक्ष को ले कर सामने आते हैं और अपने-अपने पक्ष का औचित्य सिद्ध करते हैं। इस विवाद को प्रस्तुत अध्ययन में उद्घाटित करते हुए उसके औचित्य-अनौचित्य पर भी प्रकाश डाला गया है।

अन्त में कबीर और तुलसी की प्रासंगिकता पर विचार किया गया है। इस क्रम में स्पष्ट रूप से यह तथ्य सामने आया है कि समाज के स्वस्थ विकास के लिए कोई विचार अप्रासंगिक होने के बावजूद कभी-कभी इतना शक्तिशाली बन जाता है कि उसके विरोधियों को काफ़ी लम्बे समय तक मुँह की खानी पड़ती है। यह वास्तविकता भी कबीर और तुलसी के द्वन्द्व में उद्घाटित हुई है। आज के जातीय-साम्प्रदायिक विवाद के सन्दर्भ में भी इस वास्तविकता को मैंने जाँचने-परखने का प्रयास किया है। इतिहास के लम्बे दौर में कबीर और उनके निर्गुण-पन्थ का पक्ष लगातार पराजित होता रहा है और आज भी उसे अधिकांशतः पराजय का ही मुख देखना पड़ रहा है, लेकिन समाज के सन्तुलित एवं सही विकास के लिए भविष्य में उसकी विजय निश्चित है। इसे सामाजिक विकास की अनिवार्यता के रूप में स्वीकार किया जाना चाहिए। प्रस्तुत अध्ययन में इस आशा और विश्वास बकी ओर भी स्पष्ट रूप से इंगित कर दिया गया है। यही इस अध्ययन की उपलब्धि भी है। लेकिन प्रबन्ध के अन्त में कबीर और तुलसी के सामाजिक-सांस्कृतिक प्रदेय पर विचार करते हुए कतिपय अगतिशील स्थापनाओं के बावजूद एक संस्कृतिकर्मी के रूप में तुलसीदास की लोकप्रियता और सांस्कृतिक उपलब्धियों को विशेष रूप से रेखांकित किया गया है।

ग्रन्थ सूची

मूल ग्रन्थ

1. कबीर ग्रन्थावली : सं. डॉ. माताप्रसाद गुप्त, साहित्य भवन, प्रा. लिमिटेड, इलाहाबाद, प्रथम संस्करण
2. कबीर ग्रन्थावली : सं. पारसनाथ तिवारी, हिन्दी साहित्य परिषद, इलाहाबाद 1962
3. कबीर ग्रन्थावली : सं. श्यामसुन्दर दास, नागरी प्रचारिणी सभा, काशी, बीसवाँ संस्करण
4. कवितावली : तुलसीदास, रामनारायण लाल, बेनी माधव, द्वितीय संस्करण, 1979
5. गीतावली : तुलसीदास, मोतीलाल जालान, गीता प्रेस, गोरखपुर, दशम संस्करण
6. दोहावली : तुलसीदास, मोतीलाल जालान, गीता प्रेस, गोरखपुर, सोलहवाँ संस्करण
7. रामचरितमानस : तुलसीदास, मोतीलाल जालान, गीता प्रेस, गोरखपुर, तेइसवाँ संस्करण
8. विनयपत्रिका : तुलसीदास, मोतीलाल जालान, गीता प्रेस, गोरखपुर, बीसवाँ संस्करण

समीक्षात्मक ग्रन्थ

1. अशोक के फूल : हज़ारीप्रसाद द्विवेदी, लोक भारती प्रकाशन, इलाहाबाद, चौदहवाँ संस्करण

2. आधुनिक भारत में जातिवाद तथा अन्य निबन्ध : एम. एन. श्रीनिवास, एशिया पब्लिशिंग हाउस, बम्बई, 1981
3. इण्डियन फिलासफी : राधाकृष्णन
4. कबीर का सामाजिक दर्शन : डॉ. प्रहलाद मौर्य, महेश त्रिपाठी, पुस्तक संस्थान, कानपुर, प्रथम संस्करण
5. गोस्वामी तुलसीदास : आचार्य रामचन्द्र शुक्ल, नागरी प्रचारिणी सभा, काशी, सं. 10
6. कला, साहित्य और संस्कृति : ई. एम. एस. नम्बूदिरिपाद, पीपुल्स लिटरेसी, न. दि., 82
7. तुलसी की साहित्य-साधना : डॉ. लल्लन राय, वाणी प्रकाशन, दरियागंज नयी दिल्ली, प्रथम संस्करण, 1988
8. तुलसीदास का मानवतावाद : अरुण प्रकाश मिश्र, अंकुर प्रकाशन, शाहदरा, दिल्ली, प्रथम संस्करण, 1987
9. तुलसी : आधुनिक वातायन से : डॉ. रमेश कुन्तल मेघ, भारतीय ज्ञानपीठ प्रकाशन, प्रथम संस्करण, 1967
10. भक्ति काव्य और लोक जीवन : शिवकुमार मिश्र, पीपुल्स लिटरेसी, दिल्ली, प्रथम संस्करण, 1983
11. भारतीय चिन्ताधारा : के. दामोदरन, पीपुल्स पब्लिशिंग हाउस, नयी दिल्ली, सं. 1982
12. मुक्तिबोध का साहित्य-विवेक और उनकी कविता : डॉ. लल्लन राय, मन्थन पब्लिकेशन्स, रोहतक, प्रथम संस्करण
13. समाज शास्त्र के सिद्धान्त : डॉ. डी. आर. सचदेव, विद्याभूषण, किताब महल, इलाहाबाद, तृतीय संस्करण
14. सन्त साहित्य की भूमिका : डॉ. राजदेव सिंह, आर्य बुक डिपो, नयी दिल्ली, 1974
15. सन्तों की सहज साधना : डॉ. राजदेव सिंह, लोकभारती प्रकाशन इलाहाबाद, प्रथम संस्करण, 1976
16. हिन्दी साहित्य का इतिहास : सं. नगेन्द्र, नेशनल पब्लिशिंग हाउस, नयी दिल्ली, प्रथम संस्करण
17. हिन्दी साहित्य का इतिहास : आचार्य रामचन्द्र शुक्ल, नागरी प्रचारिणी सभा, काशी, वाराणसी, चौदहवाँ संस्करण

□□